城市·社会·空间研究丛书

周春山 主编

广州市中产阶层居住空间分异研究

边 艳／著

科学出版社
北京

内 容 简 介

作为社会稳定的重要力量，中产阶层规模不断发展壮大。本书综合地理学、社会学等学科理论，以广州市为案例地，首先运用第五、第六次广州市人口普查数据对中产阶层聚居区空间分布、中产阶层聚居区内部地域类型演变进行宏观、中观层面的把握；其次通过问卷调查和深度访谈材料，从微观层面分析广州市中产阶层居住差异；最后提出了转型期广州市中产阶层居住空间分异是在政府、市场和个体“三位一体”模型的共同作用下形成的，其中政府和市场是中产阶层居住空间分异的供给主体，中产阶层个体是居住空间分异的消费主体。

本书可供地理学、人口学、社会学等相关学科的科研、教学人员，以及城市规划等相关政府部门的管理人员和房地产开发管理部门人员使用。

图书在版编目（CIP）数据

广州市中产阶层居住空间分异研究 / 边艳著. —北京：科学出版社，2020.6

（城市 · 社会 · 空间研究丛书 / 周春山主编）

ISBN 978-7-03-065538-7

Ⅰ. ①广… Ⅱ. ①边… Ⅲ. ①居住空间－研究－广州 Ⅳ. ①D669.3

中国版本图书馆 CIP 数据核字（2020）第 103411 号

责任编辑：郭勇斌 肖 雷 / 责任校对：王萌萌
责任印制：张 伟 / 封面设计：黄华斌

科学出版社出版
北京东黄城根北街 16 号
邮政编码：100717
http://www.sciencep.com

涿州市京南印刷厂 印刷
科学出版社发行 各地新华书店经销

*

2020 年 6 月第 一 版 开本：720 × 1000 1/16
2020 年 6 月第一次印刷 印张：11
字数：212 000

定价：89.00 元

（如有印装质量问题，我社负责调换）

“城市·社会·空间研究丛书”
序　　言

改革开放以来，中国制定了一系列的措施来促进社会经济的快速发展。1979 年设立深圳、珠海等沿海经济特区，1982 年农村家庭联产承包责任制改革，1984 年允许农民自理口粮落户的户籍制度改革，1986 年的劳动合同制度改革，等等，中国的农村社会从封闭式的独自发展逐步变成了与城市发展高度互动的局面，大量劳动力从土地上解放出来涌入城市，形成了农村流动人口，中国经济实力大大增强，城市化水平不断提高，城市规模不断扩大，城市空间结构发生了巨大的变化。

城市地理学历来主要从两个角度研究城市。一是把城市当作点，研究城市的产生、发展以及包括城市规模结构、职能结构、空间结构在内的区域城市体系；二是把城市当作面，研究城市的土地利用、社会空间、市场空间、感应空间等城市内部空间结构。在计划经济时期，由于各方面的因素，学者们研究更多的是区域城市体系，出现了一批经典的研究成果。改革开放之后，随着经济的发展和城市问题的增多，城市内部空间结构的研究开始受到重视。

1991 年秋，我有幸成为中国城市地理学的创始人之一——许学强教授的博士生。许教授把中国城市地理研究与国际研究接轨，在中国城市化与城镇体系、珠江三角洲区域发展、城市规划教育等领域做出了开创性贡献。许教授告诉我一件日常观察的小事情记忆犹新。海珠桥建于 1924 年，是连接广州市中心（老城区）与外围地区的重要通道。在 20 世纪 80 年代之前，从这座桥梁可以看出，上班时间自行车流主要从市中心向外走，而下班时间自行车流则从外围地区流向市中心；从 90 年代开始，自行车流出现了逆转，即上班时间自行车流从外围地区流向市中心，而下班时间自行车流则从市中心流向外围地区。许教授很有远见地意识到城市内部空间结构正在发生巨大变化。在许教授的指导下，我选择广州城市人口分布变动与迁居这个题目作为博士论文的选题。从此，开始了我的城市内部空间结构研究的学术生涯。

2001 年之后，我开始招生硕士和博士研究生。我指导的研究生的论文选题主要关注城市内部空间结构变化与区域发展两类主题。在城市内部空间结构这类主题上，从城市人口分布变动、住房空间变化到社会空间演化，从城市工业发展到城市商业、服务业发展，从城市 CBD 建设到城中村、城市边缘区的发展，从城市服务设施、基础设施的供给到公园绿地的公平性，从新城建设到旧城改造，从城市的遗产保护到提升城市的竞争力，从传统城市到信息城市等议题我们都有涉及。然而，近十多年来，随着大城市的快速扩张，城市环境生态问题、社会问题凸显，近几年我指导的研究生把论文选题更多地集中在上述两类困扰城市发展的问题上。

改革开放之后，城市社会空间发生了较大变化。1989 年许学强教授等在《地理学报》发表了《广州社会空间的因子生态分析》，这是中国第一篇系统分析城市社会区的论文，我从这篇论文中学习到很多知识，开拓了视野。此后我带领研究生采用每十年的人口普查数据等，对比《广州社会空间的因子生态分析》的研究结论，对广州社会区的发展变化进行跟踪研究，分别于 2006 年、2016 年在《地理学报》发表了《转型时期广州市社会区分析》《广州市社会空间结构演变跟踪研究》论文。广州是一个历史文化名城，也是改革开放前沿、经济发达的城市，我们在跟踪研究广州社会区中，深感一些社会群体，如中产阶层、低收入群体、农民工，以及一些社会问题，如人口老龄化等需要进行深入研究。在我的国家自然科学基金项目“转型期中产阶层空间分异及形成机制研究”的支持下，我的研究生开始了不同群体社会空间的研究，并发表了相关研究成果，完成了博士论文。他们毕业之后都在高校从事教学研究工作，并以博士论文的研究为基础，进一步拓展了城市社会空间研究的不同领域，并获得了国家自然科学基金的资助，发表了高水平的论文，成为单位的骨干力量。

城市、社会和空间，是一个密切关联的研究领域。希望年轻的博士毕业生们能以此套丛书的出版为起点，在学术研究上更上一层楼，也希望此套丛书能为快速发展的中国城市地理学贡献一份微薄的力量。

周春山

2020 年 6 月 22 日

前言

中产阶层（the middle class）又称中产阶级、中间阶层，是指拥有较高且稳定的经济收入，具有良好的文化素养，从事专业性或管理性工作，拥有高品质的生活质量，对社会主流价值和现存秩序有较强认同感的群体。中产阶层影响一个国家或地区的政治环境、社会稳定、劳动力市场、住房选择等方面，其住房选择对城市社会空间结构有较大影响。改革开放以来，中国社会经济体制发生了比较大的转变，原有的“单位制”住房分配体制向住宅市场化、商品化改革转变；所有制结构与三大产业结构的变动和调整加速了职业类型的多元化，加强了职业间的流动，加剧了劳动力的市场分化；高等教育制度和就业制度的转变制约着社会阶层间的流动。随着中国社会经济转型的深入，中产阶层迅速崛起。尽管在中国中产阶层的规模十分有限，但在一些发达地区的大城市已占有一定的比例，中产阶层的兴起已成不争的事实。

广州市作为中国改革开放的前沿阵地和对外开放的先行者，是全国最具经济活力的城市之一。工业化、城市化、市场化水平在全国处于领先地位，其社会阶层的变化无论在深度上还是在广度上都是值得关注并予以研究的。广州市中产阶层具有代表性，是一个较为理想的案例城市。基于城市地理学视角，本书从宏观和中观层面分析广州市中产阶层聚居区空间分布及地域类型演变，从微观层面把握广州市中产阶层住房选择偏好及其影响因素，旨在为政府制定人口发展规划、城市空间发展战略等相关政策规划提供一定的指导依据；为政府在城市更新过程中提升中心城区价值提供参考；为中国其他城市中产阶层相关研究提供经验借鉴。同时，本书也可以看作对中产阶层研究理论的补充。

本书从宏观、中观、微观三个层面对广州市中产阶层居住空间分异及形成机制进行研究，主要阐明广州市中产阶层已具备一定的社会属性特征。在宏观层面上，广州市中产阶层空间分布仍以中心城区为主，但已出现郊区化发展趋势。在中观层面上，广州市中产阶层聚居区类型可以划分为职业中产阶层聚居区、教育中产阶层聚居区、收入中产阶层聚居区和混合中产阶层聚居区四个亚类聚居区。根据这四个亚类聚居区空间集聚度的变化和街道类型变动，将其划分为强稳定型、弱稳定型、增长型和衰减型。在微观层面上，住房年代、年龄、家庭规模、子女数量、私家车、现居住条件、归属感等因素对中产阶层住房需求意愿有显著影响；性别、家庭年均总收入、个人年均总收入、年龄、受教育程度、家庭规模和户籍等因素对住房区位选择有显著影响；子女数量、年龄、职业、婚姻状况等因素对住房面积选择有显著影响。本书提出了转型期广州市中产阶层居住空间分异是在政府、市场和个体这个“三位一体”模型的共同作用下形成的结论。

笔者从2010年攻读博士学位时开始关注城市社会空间结构研究，感谢我的博士生导师周春山教授，从论文选题、调研，至初稿成型，到最后的修改完善，每一阶段都凝结了导师的心血。因为本书是导师的国家自然科学基金项目的主要研究部分，笔者在整个写作过程中倍感压力，担心自己的拙笨辜负了导师的期望。导师总是悉心指导、多方启发，令笔者茅塞顿开，一步步理顺论文思路、研究框架及内容前后的逻辑关系，最终能够较好地完成相关研究并进一步修改完善形成本书。在本书的写作过程中，笔者得到了众多老师与同学的帮助和支持，在此一并表示衷心的感谢！

笔　者

2019年6月

目　录

1 导 论

改革开放以来中国经济体制发生转变，原有的“单位制”住房分配体制向住宅市场化、商品化改革转变，城镇居民收入分化日趋明显，传统的城市社会空间结构被打破[1]。所有制结构与三大产业结构的变动和调整加速了职业类型的多元化，加强了职业间流动的加强和劳动力的市场分化，高等教育制度和就业制度的转变制约着社会阶层间的流动。从国家统计局公布的中国 2003～2010 年基尼系数的变化来看，2003 年基尼系数为 0.479，之后逐年连续上升，到 2008 年达到最高点 0.491，之后逐渐回落，至 2012 年基尼系数为 0.474。基尼系数的变化体现了我国城镇居民收入差距的扩大，两极分化和社会阶层化现象凸显。新的社会分层和住房市场多样化重塑中国城市社会空间[2]。富裕阶层[3]、中产阶层、贫困阶层[4]、城市新移民[5]等正对中国城市社会进行多元侵入演替，重新塑造和影响着中国大城市社会结构及空间格局。中产阶层（又称中产阶级、中间阶层）是指拥有较高且稳定的经济收入，具有良好的文化素养，从事专业性或管理性工作，拥有高品质的生活质量，对社会主流价值和现存秩序有较强认同感的群体[6]。在转型期社会结构分化重构过程中，中国的中产阶层迅速崛起。尽管在中国中产阶层的规模十分有限，但在一些发达地区的大城市已占有一定比例[7, 8]，中产阶层的兴起已成不争的事实。中国政府最近常将 2008 年全球金融危机后中国中产阶层的明显增长同西方（尤其是美国）中产阶层的萎缩进行对比，认为中国正进入中产阶层发展的“黄金时代”[9]。一则中产阶层在发展中国家的政策制定中扮演着重要的战略性群体角色；二则这个群体本质上有助于国家、社会、经济、文化、政治和科学技术等方面的发展[10]。

作为一种社会空间重构现象，以中产阶层为主体的中产阶层化已经成为一种全球化的社会与空间现象进入学者的研究视野。20 世纪 90 年代以来，郊区化和再城市化同时发生，中国发达地区大城市经历了一轮大规模城市更新过程，一些大城市也出现了类似中产阶层以上的阶层向城市中心区集聚的现象，并吸引了一些学者的关注。中西方城市发展的背景不同，城市发展阶段不同，城市发展的机制不同，却都以相似的城市绅士化方式去实现城市的更新。对于中国中产阶层化现象特征及形成机制的研究，中国学者大都从政府、市场等宏观、中观层面进行探讨，而忽略了现象发生主体在其过程中的重要性。在全球化视野下，中产阶层已经成为社会现代化的特殊焦点，被视为国家经济社会发展“稳定器”的中产阶层在国家政策制定中扮演着重要的战略性群体角色，在未来人文地理学的“人—社会”关系中承担着重要角色。对于正在发生和即将出现中产阶层化的中国城市而言，研究中产阶层在城市社会空间的分布特征，以及影响他们居住地选择的因素，可能会为我国城市中产阶层化发展方向及相关研究提供一种新的思路。

本书在对广州市中产阶层聚居区空间分布演变的宏观层面分析的基础上，从微观层面分析中产阶层社会经济特征、住房特征及居住需求影响要素等，从个体住房选择来解构中产阶层聚居区的形成及空间发展趋势，进一步完善国内学者中产阶层化研究的理论；研究广州市中产阶层聚居区空间分布及地域类型，把握中产阶层居住选择偏好及其影响因素，为政府制定人口发展规划、城市空间发展战略等相关政策规划提供一定的指导依据；为政府在城市更新过程中如何提升中心城区价值提供参考；为中国其他城市中产阶层相关研究提供经验借鉴。

1.1 主要概念及已有研究

1.1.1 概念界定

1. 阶级与阶层

在进行中产阶层概念界定时，首先对“阶级”和“阶层”的概念进行说明。在英文文献中，“阶级”或“阶层”同称为“class”。在马克思主义阶级理论下，马克思用历史唯物主义观点揭示了以下三点：①阶级的存在仅仅与生产发展到一定的历史阶段相联系；②阶级斗争必然导致无产阶级专政；③无产阶级专政不过是达到消灭一切阶级和进入无产阶级社会的过渡[11]。继马克思之后，列宁不仅继承了前人的研究，而且对“阶级”进行明确的定义：“所谓阶级，就是这样一些集团，由于其在特定社会经济结构中所处的地位不同，其中一个集团能够占有另一个集团的劳动。”[12]列宁对“阶级”的这一定义成为正统马克思主义者中最经典的“阶级”定义。在韦伯（Weber）社会分层理论下，“class”是按照财富（经济标准）、声望（社会标准）、权力（政治标准）的三种标准确定的一个社会集团。韦伯认为，社会分裂成无数部分，而不是分裂为两大对立阶级，因此社会是“整合”的，而不是“冲突”的。

“class”在国内社会学界译为“阶级”“阶层”。严格来说，二者存在细微区别。“阶级”一词主要从生产关系的角度出发，强调社会资源占有关系的不平等性和不公平性，涉及谁拥有生产资料的所有权和支配权，以及谁在国家政权中占统治地位的问题。被确认的社会阶级都有明确的阶级意识和利益，且在与其他阶级构成的相互关系中具有鲜明的自身特征[13]。“阶层”一词是从社会关系和市场关系的角度立意，强调社会资源在不同社会群体之间的配置，以及由此引发的社会认同、社会意识和社会行为的板块化，并根据收入、声望、权力和文化品位等综合标准将这些板块排序，它仅仅是社会群体功能的一种划分。本书着重探讨转型期背景下资源分配不同造成的社会分化，而不是生产关系支配下的阶级问题，故本书将“class”翻译成“阶层”更贴近研究的主题，但在提及国外相关研究成果时，仍然沿用“阶级”的叫法。

2. 中产阶层

“中产阶层”的英文为“the middle class”，该词源于西方国家社会学理论，是西方学者对西方现代化社会变迁过程中出现的一类社会分层群体的描述与解释。它的出现和崛起，与西方工业现代化、社会现代化的历史发展进程紧密联系。单纯从字义上看，中产阶层指处于社会中间位置的人群，而不同国家社会处于不同的发展阶段，对于社会中间位置的理解也是不尽相同。由于中产阶层自身历史流变的复杂性，不同学者在使用这个术语时的理论背景和理解各异，使得迄今为止没有一个明确统一的概念界定。根据本书的需要，本书主要使用中产阶级和中产阶层两个概念，前者更注重与全球化接轨的特点，后者更贴合国内情况。

纵观西方学者对中产阶级概念的界定，大体从社会关系和社会等级分层两个视角，将中产阶级划分为老中产阶级和新中产阶级。老中产阶级的概念主要是以韦伯为代表的理论家从社会关系的视角出发，认为中产阶级是处于资产阶级和无产阶级之间的一个群体。韦伯社会分层理论依据个人对生产资料的占有关系，认为中产阶级主要包括小商人、小工业家、富农、小自由农、医生、律师、牧师、学者和为数不多的管理者[14]。1951 年，美国社会学家米尔斯（Mills）在《白领——美国的中产阶级》中首次提出以职业分层为依据来界定新中产阶级的“白领”阶级概念。新、老中产阶级的区别主要体现在以下两点。一是职业性质的转变和强调。以自由农场主、小企业家为主的老中产阶级大多拥有自己独立经营的产业；新中产阶级主要为雇员，为拥有大型资本的雇主工作，没有自己能够独立经营的资产，大多为高级职员。二是老中产阶级多为从事体力劳动；新中产阶级大多从事脑力劳动，其中多数为专业技术型劳动，如公务员、技术雇员、管理者、办公室人员和销售人员等薪金雇员阶层，他们被视为“新中产阶级”。

结合中国国情，“中产阶层”概念被赋予新的内容和新的叫法，如“中间阶层”“中等收入群体”等。受西方社会分层理论的影响，国内一些社会学者从等级分层视角界定中产阶层。周晓虹认为，中产阶层是指在社会资源占有上处在社会结构中间位置的阶层[6]。陆学艺[15]在《当代中国社会阶层研究报告》中指出，在五大社会等级（社会上层、中上层、中中层、中下层、底层）中，中产阶层处于中中层和中上层，主要是以脑力劳动为主，拥有较高经济收入，具有中等生活水平的家庭消费能力和相应的生活质量，有一定的支配权。同时，他指出中国中产阶层主要有四种来源：一是以企业家、小商贩为主的传统中产阶层；二是计划经济体制下分化出来的部分干部、知识分子；三是改革开放后新生的私营企业主、乡镇企业家；四是工业社会中的现代企业家、白领员工等。尽管国内不同学者对中产阶层概念的解释略有不同，但大体上都认为中产阶层在整个社会资源中处于社会结构的中间层，拥有较高且稳定的收入，从事专业性或管理性工作，有着良好的教育背景，拥有较高消费水平的舒适生活的社会群体。

其中，“中等收入阶层”与“中产阶层”两个概念需要加以区别。中国社会科学院“当代中国社会结构变迁研究”课题组在 2001 年提出，中等收入者的划分要参照职业标准、收入标准、消费及生活方式标准、主观认同标准等综合统一。李强[13]认为，中等收入阶层等同于中产阶层，是介于社会高收入阶层与低收入阶层间的缓冲层；代表温和的、保守的意识形态，是社会稳定的主要因素；是引导社会消费的最主要群体。目前中国中等收入阶层主要由新中等收入阶层、传统干部和知识分子层、效益较好的国有企业员工、股份制企业的职工层及大量的个体、私营经营者组成，其中新中等收入阶层主要指年龄较轻，学历和收入较高，消费水平不低的群体。李培林[16]认为中等收入阶层不仅反映单一收入水平，同时也涵盖收入水平、生活质量、收入分配、社会职业和社会结构等综合指标。王开玉[17]从实证研究出发，认为中等收入阶层是一个与收入和分配相关的概念，它与国际中产阶层的群体存在一定差异。中等收入阶层围绕收入进行社会群体的划分，而中产阶层侧重从家庭财产方面划分社会层级。

因此，中等收入阶层是中产阶层的初级形态和准备阶段，中产阶层是中等收入阶层的成熟形态和稳定形态。社会公众意识中所说的中产阶层通常指的是高收入和高消费的企业主、职业经理人和精英知识分子。这种所谓的中产阶层绝对不是中间阶层或中等收入阶层，而应该是中间阶层（社会学家定义的中产阶层）的上层部分。对于中产阶层与中间阶层的区别，李春玲[7]作了较为全面的论述。她认为中国目前职业标准化程度远低于西方发达国家，同一种职业的社会声望、收入水平和教育水平等在不同地区、行业和职业之间的差距较大。她提出中国的中产阶层可以理解成西方中产阶级概念中的上层中产阶级（专业人员、管理人员和中小企业主），但并不完全等同于西方的上层阶级；而西方的下层中产阶级可以对应中国的工薪阶层。也就是说，中国中间阶层至少包括中产阶层和工薪阶层，还包括小部分小业主和小雇主。

本书认为，中国中产阶层的界定应该从以下几方面考虑：①在收入方面，经济收入处于中等偏上层次，且高于中等收入阶层的经济水平，代表国家主流人群发展趋势；②在受教育程度方面，有着较高的文化素养，一般来说接受过高等教育，与其他社会阶层相比，更易接触文化全球化，是文化全球化的特殊代理人，有助于重塑本国文化；③在职业地位方面，职业等级处于社会中间地位，具有一定的权力，是国家社会结构和优势政权的附属者，代表国家创新和管理能力；④在自我认识上，有着较高的社会身份认同，拥有现代化的生活方式和消费方式，是代表国家社会经济发展和消费导向的战略性群体。因此，一般而言，中国中产阶层主要是由专业技术人员、政府机关管理者、企事业管理者、私营企业主等群体构成。

3. 城市社会空间分异

城市社会空间分异是指城市各类社会要素在空间上呈现明显的不均衡空间分布特征，而这种空间分异的特征主要体现在居住空间分异、城市社会空间极化和移民社区三个方面。“极化”在经济地理学中的含义是指由于经济活动在某一地理位置的集中，造成资源、技术、资金等相关资源集聚而形成的产业集中和地理集中的过程[18]。“极化”在社会学里更多的是侧重于社会实体内贫富差距的扩大[19]，表现为高收入家庭与低收入家庭之间收入分配、职业结构的分化，是社会空间实体内最高阶层和最低阶层的社会距离相差悬殊的社会现象[20]，反映在社会阶层的居住条件、家庭收入、就业机会等多个方面。社会的极化促使社会空间的分异，城市社会空间分异的研究内容主要划分为传统理论、实证主义和行为理论三大类[21]。其中传统理论重点在于通过具体的城市社会空间结构、社会极化与空间分异[19]；实证主义大多采用人口普查数据，通过社区分析和多因子生态分析法的计量手段，概括性地描述城市社会空间结构[22]；行为理论作为实证主义的批判和补充，将个人择居、住房市场空间分化[23]等方面作为主要研究的视角，进而揭示居民居住空间分异的形成过程。

从社会学的角度，城市居住空间分异大致可分为外生分异与内生分异两种类型[24]。外生分异实质是指不同群体间由于社会距离的差异而产生的隔离；内生分异实质是指同一社会阶层内的人群由于社会经济地位、价值取向相同等因素而形成的内部集聚性。外生分异和内生分异形成的社会分化会成为一种自发或自觉的自我强化过程。住房的市场化、商品化带来了居住空间的再分化。当居住空间成为不同社会阶层的身份、地位象征后，居住分化便成为社会分化在城市空间上物质内涵的体现。城市居住空间分异本质上是阶层分异与空间分异相互作用的结果，因此城市居住空间分异可视为社会阶层分化的空间过程与结果，是通过市场宏观控制、个体择居行为的空间化过程。随着城市社会阶层之间经济水平、身份地位、生活方式等认同差异的明晰化，城市将表现与社会阶层分化相一致的社会空间分异。同时，城市社会空间分异将进一步扩大城市社会群体在收入、教育、就业等方面的社会矛盾，并通过一系列空间集聚效应释放出来，进一步加剧社会阶层的分化趋势。社会阶层的一切活动离不开城市社会的大环境，而城市社会空间的变化又取决于社会阶层分化，因此社会阶层与城市社会空间存在共生、互为因果的关系（图 1-1）。

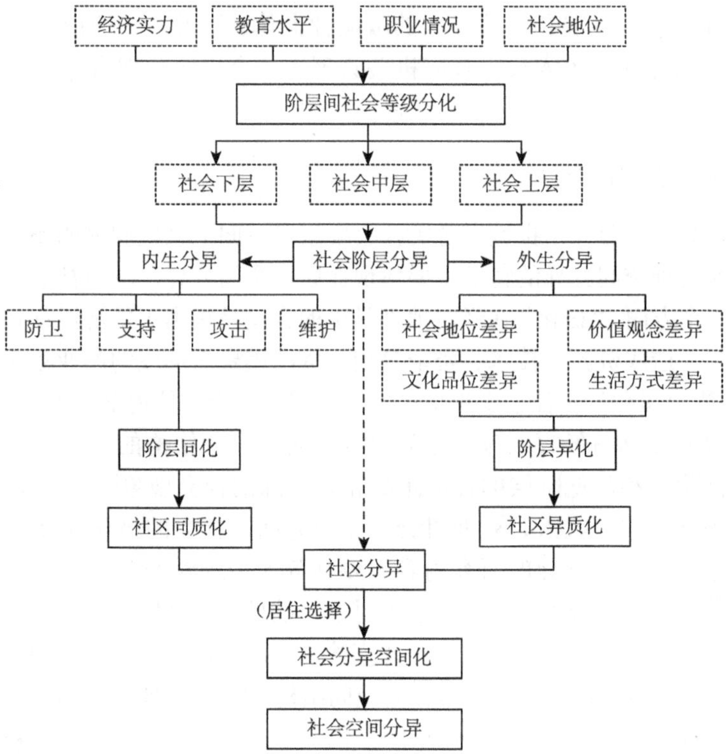

图 1-1 社会阶层与城市社会空间的关系

1.1.2 国外关于中产阶层相关研究

1. 中产阶层聚居区空间分布

社会阶层聚居区的空间分布特征和演化一直是西方城市地理学的研究热点之一。西方城市社会空间分异的研究起源于恩格斯对曼彻斯特社会居住模式的研究，他在划分穷人和富人两个社会阶层的基础上揭示了城市内在的社会贫富现象。

20 世纪 20 年代，受达尔文进化论和古典经济理论影响较大的芝加哥学派在对城市社会运动研究过程中引入人类生态学中的竞争、优势、“入侵和演替”及“适者生存”的概念，采用阶层、生命周期和种族三个指标，并结合城市土地利用模式，分析和解释了特定社会群体的居住空间分布，把城市居住空间演变视为一种生态竞争过程，并构建了以伯吉斯（Burgess）、霍伊特（Hoyt）、哈里斯（Harris）和乌尔曼（Ulman）为代表的三大城市空间结构模型（图 1-2）。伯吉斯[25]最早引进了基于土地利用的城市社会空间结构模型。他认为，随着城市中心区外来人口的持续增加，人口压力增大，造成城市中心区住房紧张，建筑密度增大，居住环境恶劣，低收入新住户开始向较高级居住区“入侵”，而较高级居住区的中高收入阶层人员要么采取措施维持其邻里的社会地位，要么卖掉房子向外迁移。伯吉斯将这种外迁称为“入侵和演替”，在这种作用下，不同社会阶层呈现由五个层次构成的同心圆模型，其中第四层的较好住宅区分布地带是以小商业主、专业人员、管理人员和政府工作人员等为主要成员的中产阶层的家园，辅助性的商业中心得以发展。因此，经济要素是决定城市社会空间分化的主要自变量，城市空间分化是不同阶层经济竞争的结果。霍伊特[26]扇形模型以高级住宅区的发展而展开。他认为中上阶层为了维持自己的社会地位和影响，需要购置新建的高级住宅，进而城市土地利用由此展开；并指出中产阶层和富人主要沿着交通大道或河流、湖滨向外发展，独立成区，与贫民住宅区隔离开来，贫民则住在环绕工商业土地利用的地段。中产阶层居住区并不是完全按照同心圆模型进行空间分布。随着富人居住区的发展，住房向贫民阶层住房过渡，而居民向高级居住区过渡，整体呈现中产阶层围绕高级居住区周围居住，低收入阶层居住在中心商业区

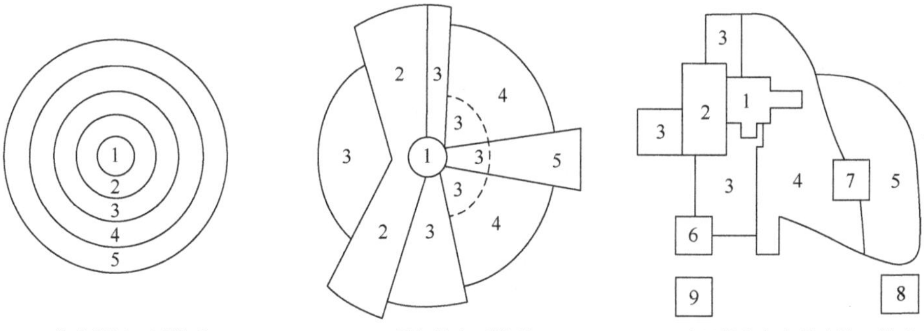

(a) 伯吉斯同心圆模型　　(b) 霍伊特扇形模型　　(c) 哈里斯和乌尔曼多核心模型

图 1-2　芝加哥学派三大城市空间结构模型

1. 中场商务区（CBD）；2. 批发商业、轻工业区；3. 低级住宅区；4. 中级住宅区；5. 高级住宅区；6. 重工业区；7. 边远商业区；8. 郊区住宅区；9. 郊区工业区

周边，贫民阶层居住区与中高级住宅区呈不同方向发展。与伯吉斯同心圆模型比较，霍伊特的扇形模型形成主要源于高级住户不满意现有住房条件而购置新住房，而伯吉斯同心圆模型形成主要是迫于住户受到外来者“入侵”的压力所致。哈里斯[27]和乌尔曼认为伯吉斯、霍伊特忽略了重工业在城市发展中的作用和市郊住宅区的出现。随着城市的发展，将会出现新的城市中心，低收入阶层将围绕在老中心周围，高收入阶层则住在新中心附近，而中产阶层居住在新老中心之间，偏向高级住宅区，整个城市呈现多核心模型。

虽然这三个模型形成的理论略有不同，但所归纳的内容都是城市用地结构与城市社区相结合的空间分布特征，并一致认为中产阶层聚居区在中心区外围，紧邻高级住宅区。

20 世纪 60 年代中期以来，全球化背景下西方国家社会经济转型带来社会阶层分化和社会排斥现象日益加剧，并通过土地利用和住房影响城市社会空间的变化，表现在地域上则是呈现出不同社会空间的分异模式。居住空间分异呈现多样化、多区块的“马赛克”式外在景观。马库斯（Marcuse）[28]从城市居住空间分异角度出发，指出城市空间逐渐分化为五大分割区域：高级住宅区、绅士化地区、城郊区、租房城区、废弃的城区。其中，高级住宅区（luxury housing）即社会上层人群住宅区，不是城市的主体组成部分；绅士化地区（the gentrified city）即从事管理、技术等工作的中上阶层居住区；城郊区（the suburban）主要被中等职业收入人群、产业工人所占用，包括远郊的独立家庭住宅和近郊公寓；租房城区（the tenement city）是相对便宜的独立家庭住宅，主要是面向低收入者进行房屋出租；废弃的城区（the abandoned city）则为贫困阶层较为集中的区域。他认为，这种模式的居住空间分异，并不是简单的社会阶层生活方式与物质需求的反映，而是更多地强化了既有财富和权力分配的方式。

20 世纪 90 年代以来，以中产阶层为主体的中产阶层化作为一种全球化现象已成为新自由主义下全世界城市的发展战略[29]，以及后福特主义和全球化语境下的全球城市的重要标签之一。随着中产阶层化现象在世界范围内的不同地方蔓延，包括伦敦[30]、巴黎[31]、阿姆斯特丹[32]、纽约[33]等在内的世界上所有发达城市都已出现中产阶层化。所谓中产阶层化是指随着郊区化程度的加深，大量中产阶层迁至郊外，“绅士外流”造成城市中心区原有生产用地和生产用房使用率降低。为了提升中心区的竞争力，增强吸引力，政府通过采取积极的措施刺激城市中心区更新与重建，一些富裕的中产阶级开始购买中心区贫民住宅并进行改造，原有贫民迁往郊区居住的现象（也被称为“绅士化”）。中产阶层化空间表现形式就是部分中产阶层群体居住空间的回迁。持这种观点的主要学派是激进地理学派或马克思主义学派，主要代表人物有加拿大城市地理学家大卫·雷（David Ley）[34,35]、美国学者尼尔·史密斯（Neil Smith）[36]等。中产阶层化与城市蔓延共存不仅在于城市区域规模，同时城市居民个人层面也起到一定程度的作用，因此为了更好地理解中产阶层化，对迁入或准备迁入中产阶层社区家庭的地理区位和住房轨迹及生命周期阶段等方面进行纵向层面的分析是必需的[37]。

不同于美国等国家社会阶层矛盾尖锐问题，西欧福利国家的社会空间结构呈现明显不同的特征。西欧的社会上层和中层居住于市中心，工人阶层则居住在郊区。

2. 中产阶层聚居区形成机制

以罗西（Rossi）[38]、贝尔（Bell）[39, 40]为代表的行为学派对社会阶层聚居区的形成机制进行了探讨。行为学派认为社会空间分异的形成主要取决于个体喜好、家庭生命周期等居住需求的影响因素。罗西（Rossi）将家庭生命周期说引入居民居住迁移分析中，认为家庭生命周期改变家庭结构，带来不同阶段住房需求的差异，导致家庭住房消费与住房特征的不匹配，进而发生居住迁移的行为来满足家庭结构与住房需求的和谐匹配。总体上西方中产阶层聚居区的空间分布是外部推动力和内生自驱力共同作用的结果。其中，外部推动力主要包括经济能力、居住环境、政府政策和公共部门导向等；内部自驱力主要包括家庭生命历程、生活方式、身份认同、价值观念等，这些内部自驱力影响要素集中体现在中产阶层的居住区位选择上。

（1）外部推动力

外部推动力主要包括城市转型与全球化、家庭结构、政府政策和公共部门导向等。随后一些学者对这三个经典模型不断进行修正完善，也有学者从不同社会阶层的收入差异与居住区位选择上对这三个经典模型进行解读。对于高收入阶层而言，在他们的总收入中，住房消费支出的比例较高，选择居住区位上自由度比低收入阶层大，所受到的区位约束和经济约束相对较小，区位条件最好的住宅往往是他们的首选目标。而中、低收入阶层受经济收入的约束，住房消费支出的比例相对较低，在进行居住区位选择时，只能考虑适合自己经济实力的、区位相对较差的地区，或者购买区位条件较好、住房面积较小的住宅。

（2）内部自驱力

内部自驱力主要包括家庭生命周期、生活方式、身份认同、价值观念等，这些要素的外在表现主要体现在家庭居住区位选择上，具体体现在郊区居住选择和内城居住选择两方面。

1）郊区居住选择

第二次世界大战后，随着西方国家城市中心区地租昂贵、人口稠密、交通拥挤、环境恶劣等城市问题的加剧，人口、产业和就业岗位不断从城市中心向郊区迁移[41]。根据年龄、阶层和种族划分的多样性，郊区作为大都市的一部分被广泛关注。由丈夫、妻子和两个孩子组成的中产阶层家庭为逃避城市中心城区交通拥挤、环境污染、资源紧张等多种城市病，不断追求高质量的生活，纷纷在市郊或外围地带购置房产，一定程度上推进了郊区化进程，使郊区化成为中产阶层家庭生活的主流趋势，而中产阶层家庭则成为推进郊区化进程的主要群体。罗伯特（Robert）[42]认为郊区中产阶层家庭的生活方式对其经济政治活动、价值观念都有重要影响。郊区化常被西方学者描述成强化中产阶层家庭关系的过程[43, 44]，对于大多数中产阶层家庭，尤其是有孩子的中产阶层家庭来说，搬迁到郊区居住是再正常不过的选择[45]。贝尔（Bell）[39, 40]从生活方式的角度出发，对大多数中产阶层家庭偏爱郊区的现象进行了探讨。他认为，选择在郊区居住的大多是注重家庭主义（指的是注重家庭的生活质量，尤其是子女教育、心理发展、社会身份、价值观念等为生活中心）的中产阶层家庭。对于大多数中产阶层家庭来说，选择郊区居住主要被其优势所吸引：拥有私人活动场地的大住宅；享受大面积的绿地和空间；与其他同类性质的中产阶层家庭群体为邻；远离城市问题和危险的良好的生活环境[46]。孩子的年龄影响着家庭住房策略[47]。婴儿时期还可以适应小户型，并对公共空间要求不高；然而对于子女教育的选择和第二、第三个孩子的出生将迫使父母考虑新的住处。因此，一旦中产阶层家庭有了孩子，搬迁至郊区是必然选择。此外，贝尔[39]从家庭生活方式的视角将家庭分为家庭型、事业型、消费型和社区型四种类型。其中，家庭型中产阶层家庭根据孩子的需要进行居住区域的选择，事业型中产阶层家庭倾向于选择邻近工作地的区域，消费型中产阶层家庭则选择靠近生活便利的市中心居住，社区型选择时看重同质人群居住的社区。

受福音派的影响，妇女尤其是郊区中产阶层家庭中的妇女在家庭领域之外的所有活动属于停滞状态。因此，女权主义地理学者认为郊区是体现不平等性别关系的场所，郊区家庭以牺牲妇女的外出权益为前提，是全身心居家照顾家庭的传统核心家庭模式的再现。此外，一些学者认为无止境地来往于家庭、工作地点的通勤方式是荒谬的和个人主义的，郊区邻里间的社交关系也是不坚固的[48]，郊区社区间的社交网络颇为狭隘，且郊区中产阶层家庭通过自己组织建立所谓的防御方式，实际上促进了种族隔离。理查德（Richard）[49]在其对家庭公社研究的结果中发现：极少数郊区家庭与社区邻居有较高的社会交往，而这种交往主要体现在传统家庭妇女抚养孩子方面。赛维杰（Savage）[50]对英国郊区中产阶层居民区研究结果表明：居民有着忙碌的生活方式，通过抚养子女的方式与周边的邻居进行社会交流。已有研究显示，中产阶层家庭寻找合适的居住地有两个特征：第一，符合个人身份地位；第二，对住所感到满意。这种过程被称为“选择性归属感”，强调个人选择和社区建设。互联网在郊区化居住开始初期影响着邻里的活动，尤其是在居民搬进社区前，他们通过建立相关网站和在线论坛的方式通知他们建筑的进展、临时抗议的组织、与建筑商的谈判或建立社区聚会等消息。一年后，这种热情会消退，居民转而关注街坊邻居。在这个过程中，在相同社会阶层里邻里行动呈现更多的特征，同时变得有一定的组织性。刚开始，中产阶层居民比居住在出租房屋里的居民具有主动权，几年后，出租房屋的居民被视为麻烦制造者，如超速行驶和违规停车等交通问题，动物粪便不进行清理、乱扔垃圾等卫生问题。

2）内城居住选择

当贝尔将家庭主义与郊区生活关联起来解释中产阶级家庭居住郊区化现象时，伦敦、纽约等一些大都市郊区内拥有较高收入和教育水平的单身贵族或夫妻返回市中心的现象开始出现[34]，这就是所谓的“中产阶层化”。20 世纪 70～80 年代，欧洲、澳大利亚、新西兰等地区和国家出现一定规模的中产阶层化[35]。中产阶层化现象作为 60 年代末西方发达国家再城市化过程中的一种社会空间重构现象，主要体现为物质环境更新和社会阶层重构。社会阶层重构显著的特征体现在中产阶层及以上阶层邻里替代工人阶层邻里，可以视为一种典型的阶层生态论的反向侵入—演替过程[51]，强调的是在建成环境中社会群体的演替过程。相对于 60 年代中产阶层的居住空间郊区化趋势，内城重新成为中产阶层居住选择的新方向，而参与中产阶层化的中产阶层大多数属于经济富裕、高等教育文化水平、年轻、单身或已婚但不超过 2 个子女的人群，即所谓的“雅皮士”（yuppies）或“新兴中产阶层”[52]。他们在居住选择上偏好于中心市区，对郊区大面积住宅和大片土地需求并不强烈。学者们对于中产阶层居住空间变迁进行了研究，发现郊区已不再是传统的重视“家庭主义”观念的中产阶层家庭的温床[53]。

对于居住在内城的中产阶层家庭，已有的研究表明，为了应对现今生活方式所引发的各种机会和制约因素，迁回市中心居住呈一种增长的趋势[54-56]，虽然这个趋势相对于郊区化并不是很明显。对于这种现象的解释主要集中在：女性就业者的增加[57]；郊区居民通勤成本的上升，或者是对城市生活的偏好。很少有学者[58]关注中产阶层有了孩子之后，他们的生活方式所发生的改变及其对中产阶层化的影响。

布里奇（Bridge）[59]从家庭生命周期理论对中产阶层化进行了剖析，他认为有孩子的中产阶层家庭的住房选择可能会受不同时间阶段教育需求的影响。中产阶层内部多种派系在重塑自己的阶层地位时会采取多样化的住房策略。卡斯顿（Karsten）[55]指出中产阶层家庭选择居住在市中心的主要原因体现在：市中心的居住区位有助于子女管教和工作之间的时间管理，尤其是对女性来说；通过社会网络拥有的大量社会资本累积使中产阶层家庭留在城市；当他们厌倦郊区生活时，城市生活在家庭身份中扮演重要的角色。波特曼（Boterman）[32]通过对阿姆斯特丹中产阶层化过程的研究，发现大多数中产阶层家庭表示一旦有了孩子更愿意搬迁至郊区，而现在则居住在城市中心。

3）中产阶层化形成机制

长久以来，中产阶层化的研究常被一分为二地在自由主义和马克思主义之间进行。自由主义强调机会、文化、消费和消费者需求的作用；马克思主义强调资本家、阶级、生产和供给的作用。前者解释绅士化现象主要是新中产阶层生活方式选择的结果[60]；后者认为绅士化现象的最初成因是城市区域中资本的流动、投资和负投资的历史循环周期，并认为中产阶层化现象已有从局部异常变为普遍的、全局性的城市战略[61]。总的来说，在中产阶层化形成机制方面的探讨上，形成了以尼尔·史密斯和大卫·雷为首的供给或生产主导论和需求或消费主导论两大阵营展开了激烈的讨论。尼尔·史密斯[36]以马克思主义资本论为理论基础，从城市土地价值和房屋价值出发，提出租差理论。他认为，内城住宅再投资的前提条件是城市产业结构的转型及城市中心去工业化进程的发生，只有当内城建筑或土地出现贬值，资本化的租金小于实际价值时，地租落差（rent gap）便会出现。只有当地租落差达到足够满足住宅开发利润空间时，即潜在地租和资本地租的差距不断增加，房地产投资收益增大，利益大于开发成本时，资本会重新注入内城住宅的再开发。住宅作为一种投资品和消费品，富有的中产阶层选择这种住宅在某种程度上可以实现增值收益。当中产阶层在空间上集聚水平达到一定限度时，进而产生中产阶层化现象。尼尔·史密斯[36]认为中产阶层化产生的核心主导力量取决于地租落差的存在及住房再开发的生产者，虽然他也意识到中产阶层化需求方的重要性，但更多地强调土地和住宅市场及其资本运作在中产阶层化过程的作用，而不是所谓中产阶层的住房消费需求和居住偏好的运动。尼尔·史密斯的地租落差理论明确提出住宅折旧和房地产再投资对于解释中产阶层化的重要性，但在地租落差模型（图 1-3）中未能考虑不断增大的中产阶层的内城住房空间需求、文化价值和居住偏好等方面。

不同于尼尔·史密斯的经济解释论观点，以加拿大城市地理学家大卫·雷为代表的社会文化论学派学者认为中产阶层化应从需求和消费方面加以解释，经济与生产固然重要，但经济与生产的成效取决于消费者文化与需求程度[34]。大卫·雷[35]从房地产市场、人口变动、经济基础、城市设施四个方面解释中产阶层化，发现经济和城市便利的生活设施对中产阶层化影响较大，人口和住房影响相对较小，中产阶层化形成机制具体可以概括为以下四点。①随着城市的不断扩张，能源成本上升，通勤成本也随之上升，同时郊区新建住宅价格上涨，房屋债务抵押利率上调，导致支付能力不足以偿还债务的问题出现，郊区家庭试图在内城选择小点

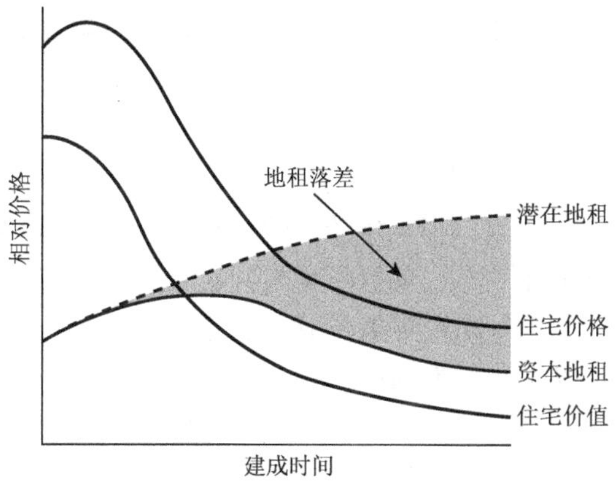

图 1-3 尼尔·史密斯地租落差模型

资料来源于 *Toward a Theory of Gentrification*：*A Back to the City Movement by Capital*，*not People*。

或便宜些的新的中央公寓或更新的旧式独户和联排住宅。②家庭结构发生变化，部分年轻富有的家庭随着生育高峰的来临对住房需求呈大量增加态势，这种需求加速了向内城寻找住房的可能性；一些家庭随着子女的成家立业，郊区住宅需求和利用率降低，住宅维护成本上升。③拒绝郊区化景观中的社区均质性和文化匮乏，提倡内城要具有鲜明的建筑、多元化的社会文化，以及便捷的市区生活“特色社区”；相对于传统的注重家庭观念的生活方式的改变，独身或丁克的生活方式更倾向于内城居住。④内城产业结构由传统工业制造业为主向服务业为主的转变过程中，职业结构发生改变。白领职业阶层逐渐取代劳动阶层，大量从事金融、房地产、服务业、文化等管理人员集聚内城，成为中产阶层化住宅的主要消费群体。社会文化论否认用政治经济学模型来分析中产阶层化，强调应将个人消费品位、文化需求和社会过程紧密相关联，大量中产阶层人群的存在才是中产阶层化发生的关键所在。

随着女性从家庭劳务中解脱出来，以露丝（Rose）[62, 63]为代表的学者从社会性别关系的视角对中产阶层化进行解读，研究关注点集中在劳动力的女性化和城市女性的双重角色上。随着城市职业女性和家庭主妇不断进入劳动力市场，女性劳动力比例大幅增高，由此带来家庭收入的提高，照顾家庭时间压力增大。对于独身女性和单身母亲而言，选择在邻近工作地点的区域工作不仅大大降低通勤成本，还可以减轻女性照顾家庭的生活压力，因此可达性较强的内城中产阶层化住宅区是这类女性选择的首要区域。露丝认为，中产阶层化就是劳动力市场性别比变化和家庭生活方式重构的结果。

综上所述，这一时期西方学者对中产阶层化形成机制可以归纳为两种解释：一是强调住房市场、土地供给、资本的重要性；另一个是强调中产阶层及以上阶层群体的消费与需求的重要性。这一时期对于两种解释相互融合的观点还未得到广泛的认可。

3. 中产阶层居住选择与居住隔离

自 20 世纪 90 年代以来，根据年龄、阶层和种族划分的多样性，郊区作为大都市的一部分被广泛关注[64, 65]。郊区不再是同质聚居区，郊区社区也不再是特定的，他们形成不同的邻里行动模式来防卫自己的“郊区天堂”[66]，不遗余力地保证自己的私人空间不受不法行为的侵害[67]。这个过程被视为城市场域内的社会空间隔离[68-70]。在美国、加拿大、澳大利亚和东欧国家，门禁社区和私人社区都反映了摄像监控在增长的趋势[71]。其中具有防护意义的封闭社区（gated communities，也称为门禁社区）就是伴随着经济全球化的发展，新自由主义思潮的推进，由美国学者布莱克雷（Blakely）等提出，指用围墙或绿化带隔离包围起来限制外来者进入的居住模式。

阿特金森（Atkinson）[72]认为，英国的社会精英生活在与外界隔绝的时空轨道当中，封闭社区、高尚会所等设施确保其在日常生活当中不与其他社会阶级接触。中产阶层化地区的社区之间有着多样化的价值观的复杂相互作用，他们通过强大的社会网络进行关系的构建[73]。近几年一些学者着重从社会公平视角对中产阶层社区进行讨论。

威利（Wyly）和哈梅尔（Hammel）[74]通过对 2000 年后中产阶层的研究发现，中产阶层化强化了对中产阶层社区的种族和阶层排外性的研究。贷款给黑人业主的行为整体有所减少，而且对从中产阶层社区出来的黑人业主的排斥有所增加。1993 年，在同住中产阶层社区的黑人住户与白人住户在获取抵押贷款没有差别；但是到了 2000 年，相对于白人住户，黑人住户申请抵押贷款时即使多花 2.33 倍的价钱还很有可能被拒绝。这种情况在美国东南部城市时有发生。在美国，封闭社区的居民并不完全是中高收入阶层，且有阶层因素减弱、种族因素加强的趋势[75]。而在拉丁美洲与东南亚，阶层因素则弱化了种族因素，经济全球化与过度城市化造成社会贫富极化与暴力增加，封闭社区成为富人维护自己的一种手段[76]。

关于居民流动性和迁移的研究，决定论和人本主义论的观点是相对立的。决定论的观点降低了个人的作用，假设他们的活动代表了他们对所居住的大环境下不可避免的反应。人本主义论的观点认为个人移民可以看作是一个有明确移民机会的积极主动的决策人，但是较少关注个人无法控制的结构因素（如房价、有效性和公共政策等）。住房选择是居住分异的基础动力，从家庭住宅消费的角度来看，住房选择是通过个人家庭属性（如生命历程阶段、社会经济地位等）、轨迹（如过去、现在和未来的住房选择的集合）和家庭动机（如土地使用权、规模大小、房屋质量和地理区位等）三个维度实现家庭住房需求[56]。

家庭轨迹就是过去、现在和未来的住房特性和区位，核心问题就是原有住房的区位，同时涉及现有住房选择的稳定性和未来住房计划。部分学者[77]认为，绅士化是作为对郊区居民的拒绝，同时其他学者[78]认为迁入中产阶层社区可以看作是生命历程和住房生涯的一个阶段，或者只是简单地推迟前往郊区的计划。为了在更加稳定的环境下抚养教育子女，或给子女提供更好的教育，搬往郊区被认为是较为明智的做法。

对于中产阶层选择居住在市中心的动机主要有两个方面：一是炫耀性消费（如风味餐厅、酒吧、美术馆、精品店等），住在市中心被视为是中产阶层的一个“愿望”；二是城市生活的便利性和邻近性[74]。对于东泽洛（Donzelot）来说，中产阶层具有潜在的移动性和无处不在的存在性。现实维度对想平衡工作、社会和家庭生活的双生涯夫妻来说显得尤为重要[57]。

4. 国外研究述评

纵观国外学者对中产阶层聚居区的研究，已经形成较为完整的研究体系。从 19 世纪侧重中产阶层概念、构成、社会经济特征等人口统计学分析转向侧重中产阶层聚居区空间分布特征和形成机制的发生学研究，再到 21 世纪全球化和后工业社会情况下，侧重中产阶层聚居区空间演变趋势的探讨，国外学者从社会学、经济学、制度学、行为学、地理学等进行了多学科、多视角的研究，构建了人类生态学派、新古典主义学派、行为学派和结构学派的中产阶层聚居区的形成理论体系。

20 世纪 60 年代以前，中产阶层的研究主要是社会学家从传统的观点出发，在马克思主义阶级理论、韦伯社会分层理论的基础上界定及划分中产阶层，人类生态学派和新古典主义学派探讨了中产阶层的郊区化及其空间分布位置。20 世纪 60～90 年代重点关注中产阶层化的起因、过程、影响等内容。20 世纪 90 年代以来中产阶层与中产阶层化间的社会空间关联得到广泛关注。研究视角由传统的宏观层面转向中观层面和微观层面，重点集中在该阶层内部，用系统论的发散思维研究社会阶层内部规律，综合探究其空间特征及其与社会空间结构关联的深层机制分析。通过研究阶层内部各行为空间的规律性，进一步探究城市社会空间结构的变化。

中产阶层的研究内容经历了从 20 世纪 60 年代以前社会学家对社会分层理论的探讨，到 60～80 年代中产阶层内城选择及新马克思主义理论和后工业化城市社会理论下的中产阶层化形成机制的讨论，再到 90 年代以来的新中产阶层文化选择理论、女权主义学派下中产阶层化形成机制的再讨论及创新阶层、中产阶层社区和消费行为等研究的转变，整体呈现多元化方向发展（图 1-4）。

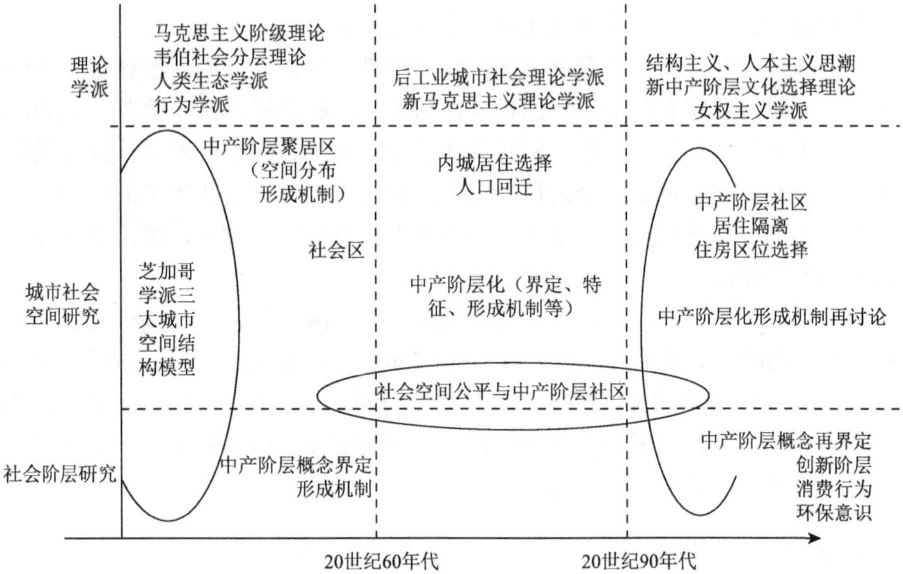

图 1-4　国外中产阶层相关研究主题

1.1.3　国内关于中产阶层相关研究

中国中产阶层概念提出时间较晚，仍处于起步研究阶段。随着 20 世纪 90 年代全国范围内的城市旧城更新与改造及党的十六大报告中“扩大中等收入者比重”政策的提出，一些地理学者[79, 80]开始关注国内中产阶层、中产阶层化（也有学者[81, 82]译为“绅士化”）。通过从全国期刊数据库收集 20 世纪 80 年代以来中国中产阶层空间分异相关的主要研究成果，笔者认为 2000 年是国内中产阶层相关研究的一个转折点。因此，本书以 2000 年为时间节点，将该领域研究划分为两个阶段：第一个阶段是 2000 年前，这一时期主要是西方国家中产阶层概念及其相关理论的引入期，研究重点主要集中在概念界定及社会阶层划分方面。第二阶段为 2000 年之后的研究发展期，研究重点主要集中在中国中产阶层空间分布、中产阶层化及中产阶层消费空间等方面。

1. 2000 年以前的引入期

20 世纪 80 年代初，中国改革开放市场经济体制作用尚不明显，社会阶层分化也不显著。随着改革开放进程加快，人们逐渐意识到中产阶层已经出现，中产阶层研究成为转型期全新的研究主题。除了 1980 年，1986 年以前几乎没有讨论中产阶层的文章。20 世纪 80 年代中后期，新马克思主义理论思潮被引入中国理论界，中国一些哲学、社会学及政治学等领域的理论家和研究者受其影响，开始关注国内中产阶层问题，出现中产阶层讨论的小高潮，研究的重点集中在西方中产阶层的理论及国内是否出现中产阶层的讨论。

这一时期，受西方新古典经济学、人类生态学等理论思潮的影响，中国学者在引进西方发达国家有关社会空间结构研究方法的基础上，针对中国国内的社会阶层空间化现象的出现，开始关注转型期社会阶层的空间分布及社区的研究。以虞蔚[83]、许学强[84]为代表的地理学家开创了中国社区研究的先河。

计划经济时期中国城市居住区类型是在单位制和住房分配制度下以职业为导向的，没有明显的以收入分层为导向的社区，也没有明显的贫富区隔现象。这一时期社会空间的主体主要是由身份地位差异较大的人群高度混居的异质性社区。城市社会空间分异主要表现在单位大院内的分异，居住质量仍是秉承了原计划经济时期资源配置的历史传承。

随着市场化经济体制的持续推进，计划经济时期“身份制”的社会结构明显分解，以职业为基础的社会结构逐渐成形，社会成员或社会阶层之间在社会、经济和政治等各方面的差异日趋明显，社会利益主体间的贫富分化加剧，社会流动加快。富裕阶层、中产阶层、贫困阶层开始出现，并成为学术界研究对象。20 世纪 90 年代初期，由于中产阶层理论受到批判，其研究成为政治敏感话题，学术界对中产阶层的讨论一时陷入低谷，中国学者多用“中间层”“中间收入层”“中等收入层”等称呼，而不是用“中产阶层”来称呼这股新生的社会经济力量。社会阶层化问题成为推动社会学家研究的动力，中产阶层研究于 20 世纪 90 年代中期正式转向中国的主流学术界。这一时期一些社会学家开始重新关注中产阶层问题，并注重用“中间阶层”“中等阶级”替代“中产阶层”的叫法[85]。研究重点集中在中产阶层类型划分、形成机制及中产阶层对社会稳定和经济发展的影响。

在 2002 年，《当代中国社会阶层研究报告》的发布标志着中国城市社会空间研究解除了意识形态的禁锢。社会阶层分化给城市社会空间结构的研究提供了土壤，各种社会问题如贫困人口、空间分化、社会分化等的出现，城市社会学、城市地理学等学科的发展，使城市社会空间研究数量、研究内容和研究深度都有了较大的拓展，从前期注重现象性描述开始转向解释性研究，城市社会空间研究进入了一个新的发展时期。

周春山等[86]分析了广州市的住房空间结构，建立了住房结构的模型。同时期一些中国地理学者利用人口普查数据、住房调查资料等对北京市[87, 88]、广州市[84]、西安市[89]等城市社会空间结构、社区及其演化进行研究。一些学者[3, 90, 91]开始关注社会阶层、社区阶层化及社会极化等与城市发展密切相关的城市社会问题。同时伴随着全国范围内的城市旧城更新与改造，另一些学者[23, 92]开始关注中产阶层化等问题。与此同时，城市低收入群体问题的研究也得到了关注，一些学者[19, 93-96]从城市低收入群体的界定，以及低收入阶层的界定与特征、空间分布和形成机制等视角展开讨论。

（1）中产阶层划分标准及形成机制

中国中产阶层的存在是一个不争的事实。政府部门、媒体、公众舆论和专家学者纷纷对中产阶层进行描述分析。然而，迄今为止，国内对中产阶层的概念尚未达成一致的标准化的界定。20 世纪 80 年代末，“中产阶层”的概念开始出现在中国学术著作和文献中，学者们开始研究异军突起的农村工厂主、乡镇企业家及城市中新出现的私营企业主。由于这些社会群体大多出自社会下层或是受教育程度偏低，故当时的学者们一致认为，不宜使用中产阶层的概念[97]。

对于中产阶层的社会特征，有的学者认为国内中产阶层是一个在特定时期（多种经济社会发展阶段浓缩期）和混合制度（市场与计划）下正在快速衍生的多元群体，阶层内不同群体的文化、品味及价值观念有较大的差异。这一时期决定其阶层的生活方式与品味特征尚不明显[98]。而从品味、生活方式与文化的相近性看，目前国内的中产阶层可分为两大群体：一是文化资本相对优势的“泛”白领阶层，包括公司职员、政府官员、专业技术人员；二是经济资本相对优势的“泛”新富裕阶层，包括私营企业主、国有承包者等在内的经济精英群体。前者倾向于文化产业范畴的体验型娱乐场所，如高尔夫会所、咖啡厅等；后者则倾向于多彩的夜生活型娱乐场所，如酒吧、KTV 等[98]。

1）中产阶层划分标准

经过 20 年左右的发展，中国中产阶层经历了从萌生到成熟的成长过程，人们对其认识和概念界定也在不断改变，划分标准也不断调整[85]。学者们在参考西方中产阶层划分标准基础上，从中国社会现实出发，根据中国中产阶层目前的发展状况，学者提出了相应的划分标准（表 1-1）。陆学艺[99]借用社会阶层化理论，以职业分类为基础，以组织资源、经济资源和文化资源的占有情况为标准划分中国十大社会阶层，并进一步按照收入水平、社会地位、职业状况、受教育程度、职业权力、消费及生活方式六个标准划分中国中间阶层。尽管陆学艺使用的是“中间阶层”，而不是中产阶层，但他创新的分析框架凸显了这些社会群体迅速崛起的重要意义。顾朝林[100]根据中国社会阶层发展的历史和现状，将中国城市社会划分为新富裕阶层、中产阶层和低收入阶层三个层次，从收入、社会地位、职业和受教育程度四个方面进行中产阶层的划分，并认为私营企业主、知识分子和专业经营者是组成中产阶层的三类社会人群。李春玲[101, 102]认为选择中国中产阶层划分指标时，要在以职业分类为基础的前提下，还要兼顾考虑受教育程度和收入等指标。在全国抽样调查数据的支持下，她以职业、收入、消费和主观认同四个指标，对国内中产阶层构成进行估计。随后她又依据戈德索普的新韦伯主义阶级分类框架，提出六个阶级的分类并以此为基础界定中国的中产阶层人群。周晓虹[6]认为中国中产阶层主要包括改革开放以来的私营企业家和乡镇企业家、小业主、小商贩等个体经营者，以及其他形式的个体户、党政干部、知识分子、外企白领、企业和社会组织管理者、因高新技术的采用和新行业的出现而产生的高收入群体等。

职业标准和受教育程度标准比较易于确定，在数据分析中也易于操作，然而收入标准的确定较为困难。在当前中国社会现实环境下，刘欣[103]采用衡量消费水平的恩格尔系数法将中国城市家庭分为七个消费阶层，以恩格尔系数 0.40～0.49 中上阶层，0.50～0.59 中间阶层，前者占家庭总数的 17.7%，后者占家庭总数的 22%。对于中国中产阶层的划分，国内学者没有统一的标准，但总体上相差不大，基本上都是从收入、职业、受教育程度、消费及生活方式五个方面来界定中产阶层（表 1-1）。

表 1-1 国内不同学者对中产阶层划分标准及比例估计

年份	作者	划分标准	社会阶层类型	中产阶层构成	中产阶层比例
1997	张建明、洪大用等	文化水平、收入、职业	—	—	48.5%（北京市）
2001	周晓虹	经济地位、职业、受教育程度、自我认同	中产阶层	改革开放以来的私营企业家和乡镇企业家、小业主、小商贩等个体经营者，以及其他形式的个体户、党政干部、知识分子、外企白领、企业和社会组织管理者、因高新技术的采用和新行业的出现而产生的高收入群体等	11.9%（大城市）
2001	李春玲	收入、职业、消费、主观认同	职业中产、收入中产、消费中产、主观认同中产	党政干部、企业经理、私营企业家、专业技术人员和办事人员	12%（大城市）
2002	顾朝林	收入、社会地位、职业和受教育程度	新富裕阶层、中产阶层、低收入阶层	私营企业家、知识分子、专业经营者	—
2002	牛文元	城镇化率、白领比例、恩格尔系数、基尼系数、受教育程度	中产阶层	—	—
2004	刘毅	收入、职业、消费	—	—	23.7%（珠江三角洲地区）
2005	李强	职业	—	机关事业单位负责人、专业技术人员、办事人员、商业服务业人员	15%（全国）
2008	李培林	收入、职业、受教育程度	中产阶层	管理人员、技术人员等非体力劳动者	12.1%（全国）

2）中产阶层形成机制

中国中产阶层的出现和成长与1978年改革开放后出现的社会经济转型有着直接和密切的关系[6]。1978年中国开始步入社会经济转型期，主要体现在经济体制的转轨和社会结构的转型，经济体制的转轨主要是从高度集中的市场经济体制向社会主义市场经济体制的转变；社会结构的转型体现在由封闭、半封闭的传统农业社会向开放的现代化社会转变。城市的社会经济转型是从“明确市场经济取向的改革目标，以大规模的政策和法律推进市场经济体制建设”开始的，以1987年城市土地有偿使用制度的建立和允许确定“以公有制为主体的前提下发展多种经济成分”为标志[104]。

市场经济体制的建立，经济高速稳定的增长，城市化进程的加速，城市产业结构转型升级，以及高等教育和城市白领职业的迅速扩张促进了中产阶层的发展[105]。改革开放后十年，由于对私人企业的解禁，以及“让一部分人先富起来”的政策的制定，培养了中国最早的一批中产阶层。随后，从再分配经济到市场经济的全面转型，股票和金融证券市场的开发和完善，国营企业的大规模股份制改造，个体私营经济的发展，房改及其他政策的推行，使得近几十年来中产阶层的数量成倍增长。随着中国工业化、城市化的推进，第一产业的从业人员比例大幅下降，第二、第三产业人员比例逐步攀升，尤其是金融、保险、房地产、旅游等各类服务业的人员猛增，现代职业结构取代了传统的职业结构，白领成为继个体工商户、私营企业主之后，在20世纪90年代后期引起社会关注的一个新兴阶层。高等教育加速了中产阶层的崛起。“文化大革命”后“尊重知识、尊重人才”政策的贯彻与实施，使得高等教育由精英教育向大众教育过渡，人们的受教育水平普遍提高，为中国中产阶层的迅速发展奠定基础。

（2）中产阶层空间分布的初研究

中产阶层聚居区是社会阶层分化、居住空间分异的共同结果，因此研究中产阶层聚居区离不开对社会分层和社会空间的研究。而这一时期没有学者在对城市社会空间分析中明确提出中产阶层聚居区的划分，而是以中等收入区、高级白领居住区、精英社区等类似表达。为了对中产阶层聚居区形成机制有整体把握，本书重点从居住空间分异进行论述。

居住空间分异是社会阶层最直接的空间展现。不同社会阶层内部差异和其自身的差别造成了一定规模的居住空间分异格局[106]。计划经济时期的制度和政策因素是影响社会空间分异的主要因素。改革开放以来，随着经济体制改革，社会制度变迁，社会流动障碍打破和住房市场化的建立，具有相似居住需求的社会群体聚居在一起，阶层型社区逐渐形成[19]。随着大规模旧城改造和城市新区的拓展开发建设，市场化体制塑造了多样化的阶层化社区居住形态，如以豪华公寓区、高标准小区为代表的高收入居住区，以经济适用型小区为主的中低收入居住区。

吴启焰和崔功豪[106]于1999年对南京市居住空间分异进行分析，发现南京市已形成六大阶层（高级别墅区、上层居住区、中上阶层住宅区、中低收入工薪阶层居住区、城市低收入阶层居住区、外来务工人员居住区）聚居的居住空间格局，并通过对南京社会空间分异的研究，认为中国社会空间分异或居住空间分异的过程主要是受城市政治经济关系的历史演进支配的。Hu和Kaplan[107]通过对北京1998年城市社会空间进行系统研究，得出转型期北京城市社会空间呈现多种经典空间模型，其中在社区类型划分中提出中等收入郊区的聚居区，指出这个聚居区主要是城市新贵、外资企业和合资企业高级管理者及私营企业主组成，他们居住在新别墅和较好质量的住房区，并指出土地利用强度在北京社区类型划分中发挥关键作用，经济社会和种族状况具有一定影响，但是并没有发挥重要作用。不同收入阶层选择社区存在较大差距，其中，中高收入阶层可选择环境良好的高档社区，低收入阶层只能被迫迁居到外围郊区或低标准的社区[108]。

一些学者从住房市场化、经济水平、家庭生命周期等方面对居住空间分异机制进行讨论。房地产开发的多元化，客观上促进了居住空间的分异与极化。随着改革开放的深入，我国各大中城市所有制结构和产业结构发生了变动和调整，加剧职业流动和分化，社会成员收入差距拉大，就业岗位分配极化。为满足不同社会阶层的住房需求，各种档次、不同类型的住宅区组成了城市居住空间的马赛克式的镶嵌图[109]。经济水平直接决定了社会阶层对城市社会空间资源的竞争力和可占有力。具体表现在：精英阶层（包括政治精英、文化精英和经济精英）趋向于市区中心或环境优美的新建住宅区及市中心外围低密度的优质别墅区；以白领阶层为主的年轻中高收入者趋向于选择沿城市主要交通线上、文化氛围较浓的中高档住宅区；一般中等收入的家庭多集中分布在新中国成立以来以单位分配方式获得的新、老式公房社区；低收入阶层无力改善居住条件，主要居住在城市旧城区或由于旧城改造而外迁的郊区。

2. 2000年以后的发展期

2000年以后，一些社会学家、经济学家改变传统的观点陈述或理论介绍，开始将研究兴趣从以往有关中产阶层的基本存在或定义，扩大到诸如中产阶层的规模、结构及世界观、生活方式、消费行为等理论分析与实证研究。

随着我国社会经济转型的深化，居住贫富分化加剧，城市内部重构与外部扩张同时快速推进，城市居住空间分异伴随着社会阶层化的加剧而迅速凸显，出现一些新的居住空间社区类型，如封闭社区[110, 111]成为城市主流居住模式，而保障性住房、经济适用房与拆迁安置社区集中在城市外围聚居，导致城市空间破碎化现象更加明显[22]。城市社会空间研究从启蒙期的形态描述，经历了形成期的社会区类型划分，再到发展期的跨时段对比、空间分异测度和机制研究。同期，在全球化、后福特主义、新自由主义等语境下，李志刚、吴缚龙等对中国大城市空间分异做了深入研究。受西方人本主义、后现代主义思潮的影响，吴启焰、王兴中、汪丽[79, 80, 112, 113]等地理学者开始重视中产阶层化研究。综上所述，2005 年以来中国中产阶层空间分异相关研究进入多元化发展时期。

（1）中产阶层空间分布

周春山等[114]在对广州市社区类型划分研究时，总结中国大城市的社区总体上可以分为四个部分：首先，城市中心为老城区；其次，老城区的外围为工薪居住区和中产阶层居住区；再次，近郊居住区和外来人口集中区；最后，远郊农民居住区（图 1-5）。同时，他们对社区形成机制进行讨论，认为中国社区分异的主要机制是政府对城市的管理和城市规划等调控机制及转型期的户籍制度、土地使用制度、分房制度等制度因素的改变，社会分层和城市交通条件的改善是社区分异的“催化剂”。自此，中产居住区的概念开始出现在研究文献中。但学者并没有单独对中产阶层居住区进行深入研究，仍是以其他类似概念出现。

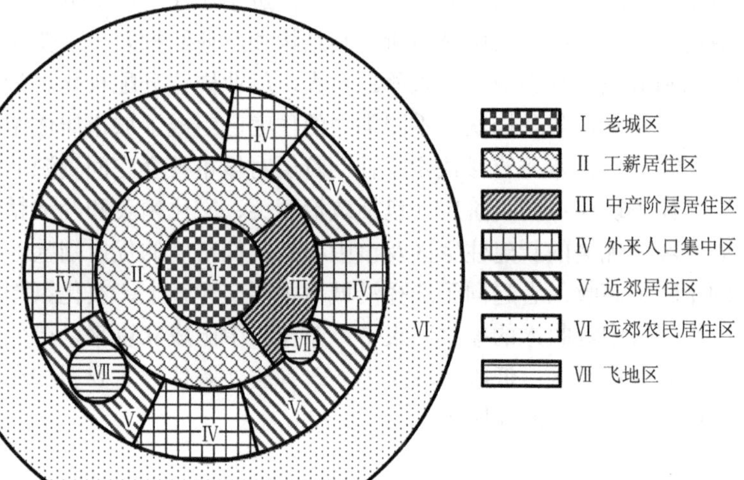

图 1-5 转型期中国大城市社会空间结构模型

资料来源：周春山，刘洋，朱红. 转型时期广州市社会区分析[J]. 地理学报. 2006，61（10）：1046-1056。

改革开放以来，针对我国大城市普遍实施的住宅建设、旧城改造和随之出现的居民搬迁三个方面作用下产生的阶层居住空间分异的现象，学者们进行了大量的实证研究。上海正逐步形成近远郊的境外人士国际社区；郊区精英阶层的豪宅区；中心城区、传统高档居住区、新兴居住区、沿河沿江区域及城郊联立式住宅的板块性明显的中产阶层高档居住区；中环线中档商品房的普通工薪阶层商品房居住区；三圈环带的底层阶层（低收入阶层）；市郊边缘带的多元化进入的外来人口，并构建了上海城市社会空间结构模型[115]。其中，中产阶层即中高收入阶层主要分布在以下三个区域：一是围绕 CBD 的内城区；二是独立型、经济型等高中档别墅集中的远郊区；三是沿黄浦江向北、向南两个扇区的集景观带、产业带、休闲带和高档住宅带为一体的中高收入阶层居住带。

新的社会分层和住房市场的多样化重塑着城市社会空间。计划经济时期“单位大院”的居住模式可视为我国早期的封闭社区。中国社会经济体制改革力度的加大和深入，瓦解了传统的单位体制下“单位大院式”的居住模式[116]。伴随着中国 20 世纪末城市扩张与城市更新的加速及社会阶层的分化，以中上阶层为主要社会群体的封闭社区在我国大城市中迅速兴起与发展[111]。作为一种相对新生的城市社会—空间现象，封闭社区的飞快发展引起了学者们的广泛关注，而目前国内学者对于封闭社区的研究刚刚起步。大多数学者[117-120]认为封闭式居住模式将不利于我国城市社会空间结构的发展，它将加剧中国城市的社会分异、隔离与排挤。相比西方封闭社区集中于郊区，居民以中高收入阶层为主，中国的封闭社区多位于中心城区与相对优势区位的地区；不同于西方封闭社区的完全封闭模式，中国封闭社区表现出相对较弱的封闭程度，居住隔离主要是社会经济的分化，并没有表现出明显的以文化、价值观和职业等社会分异要素方面的异化。

中国封闭社区形成的社会机制可以归结为以下五点：一是财产与隐私保护及其所产生的社会排斥；二是全球化与中产阶层化催生的居住空间模式；三是传统邻里关系瓦解后居民安全感的缺失；四是中产阶层社会身份提升与认同的渴望；五是传统文化影响下的空间行为取向。对于中国封闭社区的空间效应，徐昀等[120]认为中国封闭社区所带来的城市问题主要体现在以下三点：①城市空间正义不断遭到侵蚀，稀缺公共空间私有化现象加剧；②空间歧视与排斥可能成为社会潜意识，不同社会群体间隔离将会趋于严重；③城市空间逐渐被生产为福特制空间。

（2）中产阶层化

20 世纪 80 年代以来，中国城市的旧城改造逐渐成为多数大城市的首要任务。旧城作为老城区往往住房陈旧，基础设施差，人口密度高，且多聚居着以福利依赖阶层或低收入阶层为主的群体[121]。面对这些问题，政府采取城市土地有偿使用制度等优惠政策，以及由政府主导、开发商介入的方式共同进行旧城改造和重建活动。结果是中心城区居住用地价值升值，部分土地性质发生改变，居住用地面积减少，原住居民迁出旧城区，兴建高尚住宅，发生中产阶层化，同时推动郊区化进程。例如，旧城改造的成功案例——上海新天地，将反映上海历史和文化的老房子改造成集国际水平的餐饮、购物、演绎等功能的时尚、休闲文化娱乐中心，原有的低收入阶层聚居区转变成上海著名的高收入白领阶层休闲娱乐场所。

伴随着1990年以来的大规模城市更新过程，中国城市的中产阶层化现象开始兴起，日益显现的中产阶层化开始吸引中国学者[79, 122-124]的关注。中产阶层化过程体现为物质环境更新和社会阶层重构两个基本表征[122]，特点为发生在某些衰败的城市中心及其附近地区；中产阶层对低收入阶层的置换，房地产价值升值；中产阶层化是一个对旧城进行更新改造的动态过程，而不是一个静止的状态。

不同于西方“侵入—演替”式中产阶层化渐进置换过程，中国中产阶层化的阶层演替是通过房地产开发项目为单位的整体植入方式完成的，空间整体植入是阶层演替的主要方式。宋伟轩等[125]在对南京市新街口居民构成的调研中发现南京内城存在大规模人口置换与中产阶层集聚现象。南京市中产阶层在中产阶层化过程中的空间分布呈现中心集聚性。不同社会阶层[115]择居偏好有所不同，中国中产阶层更多地表现为生态偏向型，他们比较重视住宅小区周边的生态环境，倾向于选择环境优美的住宅小区。高档公寓和封闭社区是中产阶层化的主要空间表现形式。吴启焰和尹祖杏[79]认为，中国中产阶层的社会化与中产阶层空间化的出现在时空上具有相对共轭性，这主要是取决于中国城市经过内城改造，城市中心区的住房等级得到提高，社区环境得以改善，成为密度适宜、环境优美、服务方便的“中产阶层化社区”。吴启焰等[126]采用在居委会尺度下的社会空间数据对南京市旧城区进行社会空间分异分析，在空间上和社会分层领域确定了“学区中产阶层化”的新型中产阶层化现象和新兴城市精英社区。何深静等[81, 127]以广州市6个社区为例探讨了转型期广州市多类绅士化现象，他们将社区住户划分为高收入迁入者与原居民两个阶层，并从职业、收入、受教育程度、生活方式、居住条件及社会关系6个方面对这两个阶层进行差异分析，深入探讨不同绅士化机制和特征。

（3）中产阶层消费空间

中产阶层较为稳定的工作与收入使其成为中国消费时尚的积极推动者[128]，其消费特征成为学者关注的重点。社会学者主要关注中产阶层内部消费特征，认为中产阶层在消费上具有更多的空间和自由，其生活消费具有多样的消费形式、消费时间和消费空间。在消费符号、消费空间、消费中的社会关系、消费观念等一系列消费行为特征上，中产阶层已经开始形成社区间隔[129]。

有学者关注不同中产阶层的住房消费，在空间上的表达体现在住宅区位的选择。正如凡勃伦[130]在《有闲阶级论》中提出的，当具备了各种条件后，新兴的有闲阶级就开始极力效仿上层阶级生活方式，这种消费即为“炫耀性消费”，主要目的在于社会地位的展示。按照马斯洛的需求层次理论，中产阶层更多地表现在社会地位认同，住房消费成为中产阶层社会认同和自我实现的需求。

地理学者更多地从空间的角度研究不同社会阶层消费行为，消费行为的内容主要集中在商娱行为。王兴中和高丽[80]以西安高新技术开发区为例，指出在不同中产阶层区域的两个以上社区边界交汇处街区，形成城市中心型商娱引力区结构；而在不同中产阶层区域的两个社区交汇处街道，形成沿街区商娱场所聚集型引力区结构。也有一些学者[131]从居民购物消费行为入手，考察上海市商业空间结构特征，并指出不同收入地区居民购物行为空间结构特征：高收入地区居民购物行为空间结构压缩，中等收入地区购物行为空间结构完整，低收入地区购物行为空间结构拉伸。虽然他们并不是直接从社会阶层进行分析，但是一定程度上也反映出上海市不同收入阶层购物行为的空间差异。

3. 国内研究述评

总体来看，中国中产阶层研究时间跨度较短，纵向研究不足，相关研究尚不成体系，在理论、方法等方面较薄弱。主要原因在于改革开放之后，中国社会阶层开始分化，中产阶层出现相对较晚；中产阶层群体较弱，其在社会发展过程中的社会地位和影响没有得到大家的广泛关注。

（1）侧重于社会分层，研究内容单一

国内对于中产阶层的研究仍处于初步阶段，研究重点更多的侧重于社会分层，研究内容主要集中在中产阶层概念界定、划分标准等宏观层面。

（2）理论研究和方法较为薄弱

国内对中产阶层研究的相关理论和研究方法较为薄弱。理论方面大多直接借鉴西方国家社会分层理论，没有形成自己的理论构建和方法体系。

1.1.4 国内外对中产阶层研究的比较

相对于西方国家自发的城市化和郊区化过程，中国的城市化和郊区化主要是被动的过程，是有组织、有计划的行为。中国郊区化过程不是在城市发展到相对成熟阶段后，城市中心衰败而自然发生的；而是在很多人为因素作用下迫使低收入阶层和外来流动人口被动地集中在郊区。此外，西方国家的城市在经历了普遍的郊区化过程后，中产阶层化现象发生在郊区化过程中出现衰落局面的城市里，可以视为一种再城市化现象。而中国城市还没有经历普遍的郊区化过程，深度郊区化现象仅出现在发达城市，如北京、上海、广州等。城市大规模的旧城改造主要也是从 20 世纪 80 年代中后期开始，而西方资本主义国家中产阶层早在工业革命时就已出现。早在 20 世纪 20 年代，芝加哥学派就开始对城市社会空间结构进行实证分析，现已形成较为完整的理论体系。而中国对此问题的研究始于 20 世纪 80 年代，工业化快速发展带来了中产阶层的快速崛起，研究时间跨度较短，纵向研究不足，学术界关于中产阶层的研究还处于起步阶段，有待进一步拓展和深入。国内外关于中产阶层相关研究差距主要体现在以下两个方面。

①西方国家对社会空间分异的研究由传统的宏观层面转向中观层面和微观层面，研究视角集中在中产阶层聚居区内部特质，用系统论的发散思维研究聚居区个体特征及内部规律，综合探究中产阶层集聚区的深层形成机制。目前，西方国家对于中产阶层研究的内容已经扩展到全球化下中产生活方式、环保意识等层面。国内已有社区的研究，大都是从宏观的角度对城市社区进行整体类型的划分，但就某一社会阶层聚居区的研究少有学者关注。随着中产阶层规模的不断扩大，中产阶层居住空间呈现一定的一致性或相似性，将改变城市社会空间结构的重组和社会空间资源的再分布。结合现有社区的研究成果，明确中产阶层聚居区的界定、类型和空间分布，摸清聚居区的物质和社会特征、空间分布演变特征及其形成机制应给予重点关注。

②西方国家对中产阶层的研究已形成相对成熟的理论研究体系。从 20 世纪 20 年代的人类生态学派，到 60 年代新古典主义学派、行为学派，到 70 年代的制度学派、结构学派，西方国家对中产阶层及其中产阶层聚居区的研究已经形成了丰富的理论构建。尽管国内学者已经对中产阶层概念界定做了大量的定性研究，但仍未达成共识。中国社会经济发展与西方国家不同，有其独特性，决定了不能简单采用西方国家的相关理论、方法研究中国的中产阶层，必须结合中国的社会经济发展实际界定中国中产阶层，分析其形成机制。

1.2 研究目标与研究区域

1.2.1 研究目标

本书不同于社会学关注于中产阶层概念、内涵、界定及其政治作用等方面的研究，也不同于城市社会空间结构对城市社区的宏观研究，而是介于两者之间，既要关注“人”的要素，也要结合“空间”要素。因此本书主要解决以下几点问题：

①宏观层面，2000～2010 年广州市中产阶层聚居区整体空间分布演变呈现的规律性；

②中观层面，2000～2010 年广州市中产阶层聚居区内部地域类型的演变呈现的特征；

③微观层面，广州市中产阶层的社会经济和住房特征，以及影响其居住选择和居住需求差异的因素。

1.2.2 研究区域

自2000年以来，广州市经历了两次大的行政区划调整。2005年将东山区并入越秀区，芳村区并入荔湾区，增设南沙区和萝岗区，并对其他各区部分镇街范围进行调整，调整后广州市下辖“十区二市”。2014年将原萝岗区和原黄埔区合并为新的黄埔区，从化市、增城市“撤市设区”。广州市行政区划由“十区二市”变为“十一区”的格局。

由于城乡间社会结构、建设环境等方面的差异远大于城市内部差异。为避免区县间较大差异而掩盖或弱化城市内部差异，故本书研究范围为2005年行政调整后至2010年行政调整前的广州市市属十区，即所说的广州市区，与《广州统计年鉴》中所采用“市区”的概念相同，范围均是指越秀区、荔湾区、天河区、海珠区、白云区、黄埔区、番禺区、花都区、萝岗区、南沙区，总面积3843km^2。2010年广州市区共计148个街道（镇），本书在借鉴学者对广州市圈层划分的基础上，结合广州市规划部门相关资料，根据广州市城市发展的时序和区位关系，将广州市分为四个圈层：老城区、中心城区、近郊区和远郊区（图1-6）。其中，老城区主要包括新中国成立前的街道，共23个街道（越秀区11个，荔湾区9个，海珠区3个）；中心城区主要包括老城区在内及其紧邻老城区的街道，共99个街道（白云区14个，海珠区18个，越秀区23个，荔湾22个，天河区22个）；近郊区主要指紧邻中心城区的外围区域，共49个街镇（番禺区、萝岗区、黄埔区、花都区和白云区下辖的4个镇）；远郊区主要指南沙区、花都区。

典型社区的选取是在对2000年和2010年广州市社区划分出的中产阶层聚居区基础上，首先确定这两个年份中产阶层聚居区所包含的街道范围（50个街道）；然后以50个街道为标准对中产阶层聚居区地域类型演变进行分析，得出广州市中产阶层聚居区可以细分为强稳定型、弱稳定型、增长型和衰减型四个类型；最后在这四个类型基础上，选出国家机关、党群组织、企业、事业单位负责人、专业技术人员、商业、服务业人员、本科教育程度、研究生教育程度、购买商品房、购买原公有住房等指标集聚度相对较高的24个街道，再结合这24个街道第六次人口普查原始数据选取代表性最强、指标特性最明显的社区。选取典型社区时要结合不同地域类型和不同圈层的考虑，最终确定50个典型社区（图1-7）。

图 1-6　本书研究区域范围（广州市十区）

本书研究区域范围指的是 2005～2010 年的广州市行政区域划分情况。

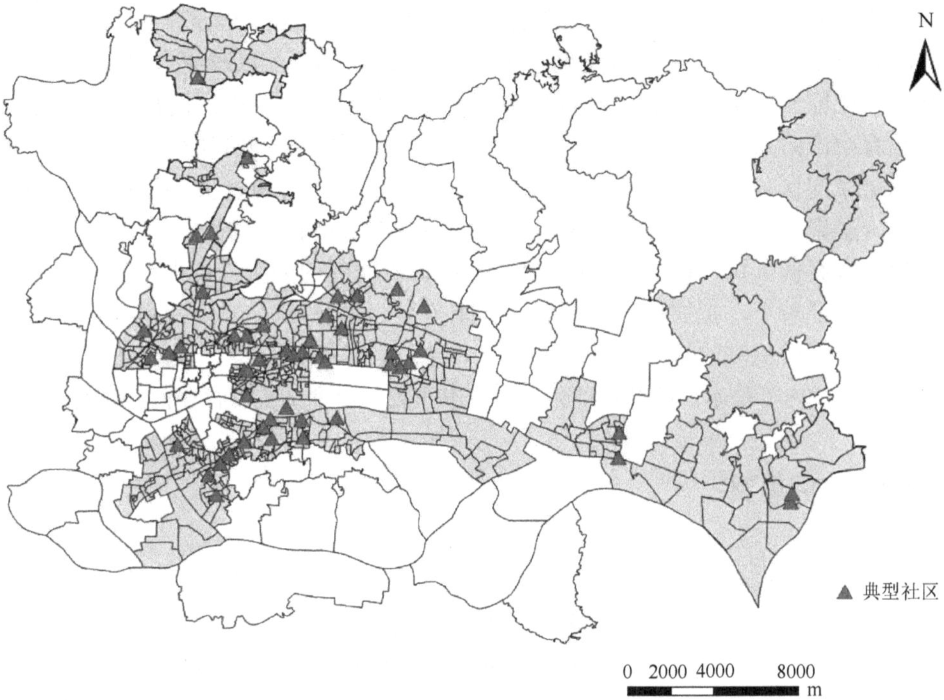

图 1-7　调研社区空间分布

1.3　研究框架与研究思路

1.3.1　研究内容

本书内容共分为 7 章。

第 1 章是本书的理论基础和研究设计部分。主要是厘清相关概念，简要对国内外相关研究述评，明确本书的研究目标、研究区域、研究内容和研究思路，是本书的技术支撑部分。

第 2～6 章是本书的主体部分。其中第 2 章主要是在宏观层面上把握中国社会分层演变历程及对广州市中产阶层收入标准、职业类型和受教育程度三个方面的界定。第 3 章是从宏观层面把握 2000～2010 年广州市中产阶层聚居区空间分布及演变规律和形成机制。主要是利用广州市 2010 年人口普查资料，通过构建以职业为基础，结合组织资源、经济资源和文化资源等方面构建广州市社区分析指标体系，得出中产阶层聚居区的空间分布，并对其空间分布演变规律及形成机制进行分析。第 4 章是对 2000～2010 年广州市中产阶层聚居区地域类型及演变的分析。第 5 章是在第 4 章的基础上，从职业行业、经济水平、教育水平方面对 2000～2010 年中产阶层聚居区进行内部特征分析，以职业为主要依据，结合行业特征、住房特征和受教育程度及地理区位要素，将中产阶层聚居区划分为教育中产阶层聚居区、职业中产阶层聚居区、收入中产阶层聚居区和混合中产阶层聚居区。根据影响中产阶层聚居区的主要因子分析，又将这四个类型的中产阶层聚居区划分为强稳定型、弱稳定型、增长型和衰减型。第 5 章主要是典型社区案例分析，通过对 50 个典型社区调查问卷的分析，从中产阶层个体社会经济特征着手，把握中产阶层居住需求差异。第 6 章是对广州市中产阶层聚居区综合形成机制的探讨。

第 7 章内容是本书的结论部分，对本书主要的研究结论和存在问题进行总结。

1.3.2　研究思路

本书主要从宏观、中观、微观三个层面对广州市中产阶层居住空间分异及形成机制进行研究。首先，本书对 2000 年和 2010 年广州市社区进行划分，从宏观层面上把握广州市社会空间结构及中产阶层聚居区空间范围，并对 2000～2010 年广州市中产阶层聚居区空间分布、演变特征及形成机制进行分析；其次，本书从中观层面对广州市中产阶层聚居区内部特征进行研究，研究内容主要包括中产阶层聚居区内部亚类划分、亚类变化特征及地域类型演变，并结合典型案例分析，深入探讨影响中产阶层聚居区内地域类型演变的作用机制；再次，本书从微观层面对广州市中产阶层家庭进行居住需求差异的个案研究，研究内容主要包括中产阶层家庭居住现状、住房需求差异及其影响因素的分析；最后，在宏观、中观、微观三个层面分析研究的基础上，提出转型期广州市中产阶层居住空间分异的综合形成机制。

1.4　研究方法与数据来源

1.4.1　研究方法

（1）文献综述法

采用文献综述法，对国内外有关中产阶层、中产阶层聚居区等相关研究成果进行梳理、归纳演绎，总结国内外相关研究的不同，确定本书的研究着眼点，明确要重点解决的问题及本书研究的理论基础。

（2）定量分析法

本书在对广州市城市空间结构演变历程分析的基础上，通过指标体系构建、多因子生态分析法、聚类分析法、GIS 空间可视化及区位熵等量化广州市社会阶层聚居区的空间分布表现和阶层社会特征。从宏观层面对广州市中产阶层聚居区空间分布演变进行分析及规律总结，然后运用 SPSS 统计软件分析调查问卷，进行 Logistic 回归模型分析，为进一步的定性解释说明提供量化基础。

（3）问卷调查法

城市社会地理学研究离不开社会调查，问卷调查是社会调查方法中的研究方法。通过问卷调查可以获取研究所需的第一手数据和资料，加深对社会现象内在形成机制的理解和把握。本书的问卷调查是采用分层目的抽样和随机抽样相结合的抽样调查方式。分层目的抽样是在对广州市社区划分结果的基础上，在中产阶层聚居区范围内筛选出典型社区，并在各社区内按照随机抽样的方式抽取一定数量的标准样本，以便在对比分析中产阶层内部居住空间异质性。

（4）深度访谈法

相比于单纯的问卷调查方法，质性研究中的深度访谈是研究微观社会空间的有效工具。研究者可以通过有目的提问的方式，将调查问卷无法表达的问题挖掘出来，从被调查者那里收集、建构第一手资料并作为观点证据[132]。因此，本书试图采用深度访谈的方式对典型社区中的不同中产家庭进行研究，目的是为了更好地把握中产阶层群体内部居住空间差异性，进而剖析中产阶层聚居区形成机制及影响因素，以期把握中产阶层聚居区空间分布演变趋势。

1.4.2 数据来源

本书的数据来源主要分为三大部分：统计数据、问卷调查数据和深度访谈资料。

（1）统计数据

本书采用的统计数据主要来自官方公布的统计数据，具体包括广州市历年统计年鉴[133-147]、《广州市 2000 年第五次人口普查主要数据》[148]、《广东省广州市 2010 年第六次人口普查主要数据公报》[149]和广州历年房地产年鉴[150]。其中，广州市历年统计年鉴里主要选取地区生产总值、人均地区生产总值、不同城市居民家庭人均年收入的统计数据。第五、第六次人口普查数据主要选取不同职业行业人口数、不同受教育程度人口数、住房来源等。统计数据主要是用于本书第三～五章的内容分析。

（2）问卷调查数据

问卷调查数据是本书研究的第一手数据来源。问卷调查数据弥补了统计年鉴中关于经济社会属性数据的空缺，为微观层面的分析提供数据支撑。本次问卷调查是与市场问卷调研公司的共同合作进行的，调查时间为 2014 年 6～10 月。为了尽可能地提高问卷的针对性和有效性，本次调查问卷在内容设计上首先让被调查者对自己是否属于中产阶层进行自我判断，以及填写个人年收入或家庭年收入的情况。确定是中产阶层后方可进行问卷的其他内容，否则中止调查。因此本次调查问卷的配额抽样是 1500 份，回收问卷 1200 份，其中有效问卷 1130 份，问卷有效率为 94.2%。典型社区问卷调查基本情况见表 1-2。

表 1-2　典型社区问卷调查基本情况

地域类型	街道	社区	问卷数量/份
强稳定型	黄花岗街、大东街、白云街、农林街、梅花村街、华乐街、新港街、五山街、天河南街、林和街、天园街、棠下街	御龙、东环、东川、青龙里、二沙岛、海印、执信南、梅东、环市东、淘苑、白云、中大、嘉仕、银禧、半岛、华农等 26 个社区	421
弱稳定型	彩虹街、西村街、昌岗街、赤岗街、黄埔街、夏港街、黄石街、均禾街	荔溪、环市西苑、珠江帝景、愉景雅苑、黄埔花园、金逸雅居、富力城花园等 15 个社区	365
增长型	东风街、兴华街、南石头街	嘉和苑、四方塘、侨源阁、保利等 5 个社区	198
衰减型	三元里街	中医药大学、金桂园、白云机场第一社区、白云机场第二社区 4 个社区	142
总计	24	50	1130

问卷内容主要包括：中产家庭基本情况、居住情况、住房需求情况、社会关系网络四大部分。其中基本情况中主要涉及年龄、学历、职业、收入、家庭类型、私家车和住房拥有量等方面，从这些方面对其是否是中产阶层进行初步判断。居住情况主要涉及居住时间、住房年代、住房性质、选择居住原因等方面，其中住房性质一定程度上是对职业地位、经济收入的呼应。选择居住原因可以反映不同类型中产阶层聚居的原因。住房需求情况主要用来考察中产阶层居住区选择的空间走向，进而把握中产阶层聚居区可能的空间演变趋势。社会关系网主要是用来考察中产阶层聚居区邻里间的互动关系，是否有归属感的存在，进而影响聚居区的形成。

（3）深度访谈资料

本书深度访谈主要采取半开放型，重点是对问卷中的重要问题及尚存的疑问进行追问。深度访谈内容主要围绕个人生命历程及家庭居住变迁展开，并适时根据交流互动调整访谈内容，这些核心问题具体包括被调查者婚姻史、职业史、家庭生命周期、家庭住房变迁史及未来居住变迁意愿等。目的是为了全面把握在不同职业类型①、性别、年龄、户籍等要素下中产阶层内部之间的居住选择特

① 综合考虑中产阶层的社会特征和研究需要，本书在调查问卷设计时，依据我国职业分类的基础上，将被调查者职业类型分为政府机关管理者、企事业管理者、专业技术人员、办事人员和有关人员、私营企业主、商业、服务业人员及其他从业者 7 种。

征和差异。因此，深度访谈对象的选取标准也是结合以上几个要素进行考虑。在实际操作过程中，深度访谈对象的最终确定是通过周边典型中产阶层的介绍，即类似于判断抽样。通过判断抽样的方式最终进行了17个中产阶层的深度访谈，基本情况见表1-3。鉴于学术道德和承诺，对被调查者采取匿名处理，并采取职业加编号代替真实姓名。深度访谈尽量采取直接录音的方式（除去个别被调查者不愿意被录音以外），深度访谈结束后将整个录音内容整理成文字资料，作为本书质性研究的基础资料。

表1-3　深度访谈对象基本情况

序号	职业类型	编号	性别	年龄	户籍	访谈时间	访谈地点
1	专业技术人员	ZYJS01	女	32	山东菏泽	2014年8月20日	社区花园
2	商业、服务业人员	SYFW01	女	33	广东广州	2014年8月23日	社区花园
3	政府机关管理者	JGGL01	女	32	广东广州	2014年8月28日	社区花园
4	私营企业主	SYQY01	男	49	广东广州	2012年8月29日	社区家里
5	私营企业主	SYQY02	女	35	广东广州	2012年9月2日	咖啡厅
6	政府机关管理者	JGGL02	女	47	广东阳江	2014年9月2日	单位办公室
7	私营企业主	SYQY03	女	42	广东广州	2014年9月3日	社区花园
8	私营企业主	SYQY04	男	45	广东揭阳	2014年9月3日	社区花园
9	企事业管理者	GQGG01	男	40	广东广州	2014年9月4日	社区花园
10	商业、服务业人员	SYFW02	女	35	广东广州	2014年9月5日	社区花园
11	商业、服务业人员	SYFW03	男	38	湖北荆门	2014年9月8日	电话访问
12	企事业管理者	GQGG02	男	36	广东广州	2014年9月9日	单位办公室
13	专业技术人员	ZYJS02	男	55	河南郑州	2014年9月10日	单位办公室
14	政府机关管理者	JGGL03	男	50	湖北宜昌	2014年9月11日	单位办公室
15	政府机关管理者	JGGL04	女	38	湖南长沙	2014年9月12日	单位办公室
16	专业技术人员	ZYJS03	男	49	河南南阳	2014年9月13日	单位办公室
17	专业技术人员	ZYJS04	女	34	云南玉溪	2014年9月14日	社区花园

从职业类型来看，政府机关管理者占被调查者总人数的23.5%，企事业管理者占11.8%，专业技术人员占23.5%，商业、服务业人员占17.7%，私营企业主占23.5%；从性别来看，女性被调查者占52.9%，男性被调查者占47.1%；从户籍来看，广州市户籍的占被调查者总人数的47.1%，非广州市户籍的占52.9%；从年龄来看，40岁及以下的占被调查者总人数的58.8%，40岁到50岁的占29.4%，50岁及以上的占11.8%。

2　中国社会阶层的演变及广州市中产阶层的界定

2.1　中国社会阶层的演变

社会发展各个阶段有着不同的社会阶层结构。本书以 1978 年为节点，按照改革开放前和改革开放后对中国社会阶层演变进行分析。

2.1.1　改革开放前中国社会阶层的演变

改革开放前中国社会阶层结构的演变可以分为 1949～1956 年和 1956～1978 年两个阶段[151]。

（1）1949～1956 年：新民主主义社会四大阶级结构

1949 年中华人民共和国成立，新民主主义成为崭新的社会形态，其社会阶层结构也有别于以往。通过没收官僚买办资本和土地改革消灭了原有的官僚买办阶级和大地主、大资产阶级，工人阶级、农民阶级、小资产阶级和民族资产阶级成为国家的主人[152]。这一时期，社会阶层结构呈现明显的“金字塔”形。传统的小农业经济占据主导地位。在社会阶层位序中，工人阶级成为执政党的阶级基础，在政治上被赋予极高的地位，扭转了过去因经济资源占有差异而使得资产阶级社会位序远远高于工人阶级的局面。新中国成立之后，大规模的国民经济活动开始恢复，这一时期基本实现了全民就业，基本不存在无业半失业者阶层。

（2）1956～1978 年：社会主义计划经济体制下的“两阶级一阶层”结构

随着三年国民经济恢复任务的完成，1952 年新中国提前开始了由新民主主义社会向社会主义社会过渡。1956 年社会主义三大改造任务完成，新中国进入社会主义社会，社会阶层结构也随之发生改变：对私营工商业的社会改造，消灭了资产阶级；对农业、农村手工业者的社会主义改造，使农民和农村手工业者成为农村集体经济——人民公社的社员，城镇手工业者则成为国营企业或城镇集体企业的职工。这一时期社会阶层结构变为工人阶级、农民阶级和知识分子构成的“两阶级一阶层”结构。这一时期，在经济社会生活中不存在失业无业者概念，但是由于中国人口基数大，客观存在一个规模不小的“待业者群体”，实质上就是无业半失业者阶层。

总体上，改革开放前中国社会阶层的主要特征可以归结为：①社会分层不是以经济或财产来区分社会地位，主要是以政治分层为主的社会阶层划分。政治因素在社会生活的各个领域起着绝对支配作用。在社会资源配置中，政治地位和权力是核心资源，决定着其他资源的配置；拥有更高的政治地位和权力，意味着社会地位的提升，可以获得更多的社会资源。②群体间或群体内部分化相当简单，同质性高，社会流动低，不存在复杂的阶层分化和属地性分化，社会成员的最大差异体现在城乡二元结构。③社会阶层类型主要分为工人阶级、农民阶级和知识分子。

2.1.2　改革开放后中国社会阶层的演变

改革开放以后，以经济为主的社会分层主要取代改革开放前以政治分层为主的社会分层。中国工业化、市场化、城市化、全球化的快速推进，加快了中国从传统农业社会向现代工业社会的转型，从计划经济体制向社会主义市场经济体制转轨。这些体制改革，深刻影响着社会阶层结构的分化，市场经济的发展催生了私营企业主、个体工商户等新的社会阶层，社会体制的变革加快了社会阶层间的代际流动。具体而言，1978 年以来中国社会阶层发展又可以分为三个阶段。

（1）1979～1991 年：个体工商户与私营企业主的出现

这一时期是改革开放的初期，农村和城市地区社会阶层分化呈现不同的发展特征。其中，农村地区家庭联产承包责任制的推行极大地激发了农民的生产积极性，收入快速增加。同时，国家政策也放开了农民从事多种经营的空间，使得收入均等的农民分化成不同类型的从业者，各种“专业大户”由此而生，成为以后个体工商户和私营企业主的来源。这一时期，农村人与城市人的收入差距缩小，导致农村地区社会经济不平等程度降低[153]。城市地区由干部、工人和农民构成的“金字塔”等级结构开始瓦解，收入差距开始明显拉大，原有的分层制度（户籍制度和行政档案制度）和分层规则（政治标准）受到极大冲击。非公有制经济的发展，使个体户数量大大增加，其中一部分个体户逐渐成长为私营企业主。个体工商户和私营企业主已经形成中国举足轻重的重要社会力量。他们可以被视为早期中国中产阶层的雏形。

（2）1992～1999 年：高收入阶层的出现

这一时期，社会经济不平衡程度快速增加，经济收入趋于两极分化，改革开放前的社会阶层结构基本消失，新的社会阶层结构显现出来。

1992 年“邓小平南方谈话”和党的十四大确立社会主义市场经济体制，中国经济改革进入一个新的深化阶段，社会利益关系的重大调整和资源的重新分配，加剧了社会阶层分化的趋势。人力资本作用的日益增强，使专业技术人员的社会地位逐步上升，并从原来的干部队伍中分离出来形成一个独立的社会阶层。

同时，国家发展和改革委员会公布的国内高收入阶层主要包括个体工商户、私营企业主、新兴第三产业人员等，其中以私营企业主阶层得到广泛关注。

（3）2000 年以来：以“十大阶层五个社会等级”为主的社会阶层结构

2000 年以来，中国社会阶层结构趋于系统化、结构化和稳定化。经济发展、产业结构和职业结构趋于高级化，使得以个体工商户、办事人员、专业技术人员、经理人员和私营企业主为主的社会中间阶层开始迅速发展。社会财富分化鸿沟加速扩大，使得阶层间对经济资源的占有差距加大。社会阶层的分化越来越表现为工业化进程中职业分化，同时特殊制度的安排对社会阶层分化有着显著的影响。根据中国社会科学院《当代中国社会阶层研究报告》[15]提出，一个包括十大社会阶层、五个社会等级的新的社会阶层结构逐步形成，这十大社会阶层是国家与社会管理者阶层、私营企业主阶层、经理人员阶层、专业技术人员阶层、办事人员阶层、个体工商户阶层、商业服务业员工阶层、产业工人阶层、农业劳动者阶层和城乡无业、失业、半失业者阶层。五个等级主要是依据各阶层拥有资源的数量及其重要程度，排列等级位序，即社会上层、中上层、中中层、中下层和底层。中产阶层主要包括中中层和中上层，具体有国家与社会管理者阶层、私营企业主阶层、经理人员阶层、专业技术人员阶层、办事人员阶层、个体工商户阶层、商业服务业员工阶层和产业工人阶层。

2001 年，中共中央总书记江泽民在庆祝中国共产党成立八十周年大会上的讲话中提出：“改革开放以来，我国的社会阶层构成发生了新的变化，出现了民营科技企业的创业人员和技术人员、受聘于外资企业的管理技术人员、个体户、私营企业主、中介组织的从业人员、自由职业人员等社会阶层。”2002 年，中共中央总书记江泽民在党的十六届一中全会上提出“扩大中等收入群体”的政策目标，被认为是试图促进中产阶层发展的一个政策信号，一定程度上反映了自 2000 年以来中国中产阶层逐渐显现。

除了以上按照职业类型划分社会阶层以外，也有部分学者或机构按照收入进行社会阶层的划分。2013 年，《法制晚报》①上刊登中国最新贫富划分：富人家庭（年收入 200 万元及以上）、富裕家庭（年收入 80 万～<200 万元）、中产家庭（年收入 40 万～<80 万元）、小康家庭（年收入 20 万～<40 万元）、贫穷家庭（年收入 10 万～<20 万元）、贫困家庭（年收入 5 万～<10 万元）、困难家庭（年收入 3 万～<5 万元）、特困家庭（年收入 3 万元以下），这种类型划分的依据并没有说明。考虑数据的可得性，这里选取《中国统计年鉴 2013》中的城市居民人均可支配收入作为标准，借用李培林和张翼[154]的划分方法将中国社会阶层划分为五大类：高收入家庭（家庭年均总收入 25 万元及以上）、中产家庭（家庭年均总收入 10 万～<25 万元）、小康家庭（家庭年均总收入 5 万～<10 万元）、贫困家庭（家庭年均

① 《法治晚报》，2013 年 3 月 21 日《最新贫富划分》。

总收入 2 万～<5 万元）和困难家庭（家庭年均总收入 2 万元以下）。

总体上，改革开放后中国社会阶层划分呈现的主要特征可以归结为：①职业分层成为社会阶层划分的基本方法，收入分层是社会阶层划分的主要依据，阶层结构日趋复杂；②中国社会阶层主要是十大社会阶层、五个社会等级；③中产阶层的职业类型主要集中在国家与社会管理者、经理人员、私营企业主、专业技术人员等。根据职业类型的划分，每个职业都可能出现中产阶层，只是以上这些职业所占比重较大（图 2-1）。

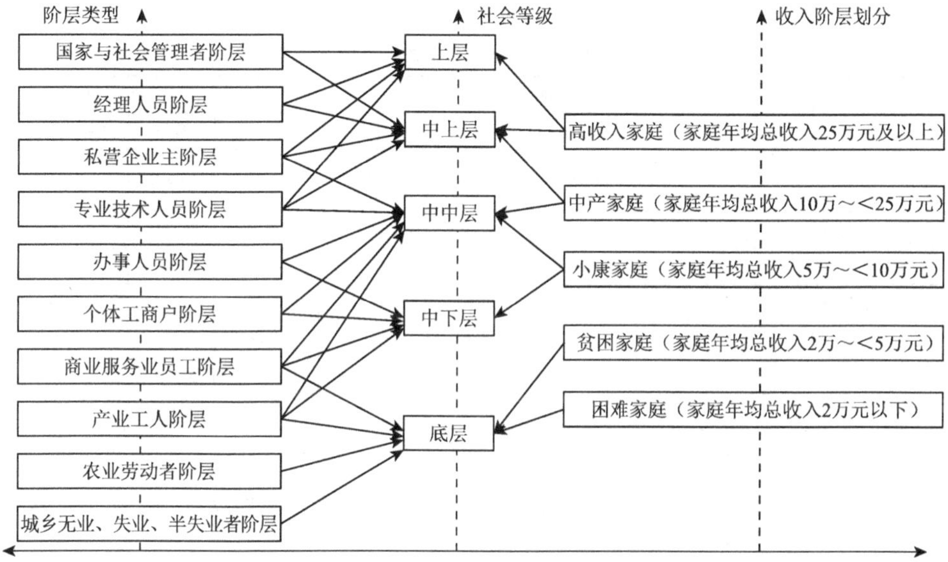

图 2-1　2013 年中国社会阶层划分及收入标准

数据来源：据陆学艺社会阶层划分标准和《中国统计年鉴 2013》整理推算得出全国范围内家庭年均总收入阶层划分。

2.2　广州市社会阶层特征

作为改革开放前沿阵地，广州市不同发展时期社会阶层演变特征与中国社会阶层演变特征大体是一致的。这里重点对改革开放后广州市社会阶层特征进行分析。

2.2.1　就业人员向第三产业转移

根据 2000 年广州市第五次人口普查数据和 2010 年广州市第六次人口普查数据，对广州市职业结构进行划分发现，广州市社会阶层结构仍呈现“金字塔”结构，具体体现在：国家机关、党群组织、企业、事业单位负责人等占较小比例，生产、运输设备操作人员及有关人员比例仍较大。2010年广州市国家机关、党群组织、企业、事业单位负责人占全体人员的4.63%，专业技术人员占11.63%，办事人员和有关人员占10.69%，商业、服务人员占30.32%，生产、运输设备操作人员及有关人员占34.50%，农、林、牧、渔、水利业生产人员占8.09%，其他从业者占0.14%。职业构成变化显著的是农、林、牧、渔、水利业生产人员，由2000年的18.34%下降为2010年的8.09%，下降了10.25%。增加幅度最大的是商业、服务业人员，其次是办事人员和有关人员，再次是专业技术人员，分别增加了7.42%、2.89%和1.64%，如表2-1所示。

表2-1 2000～2010年广州市职业构成的变化

职业类型	2000年		2010年		2000～2010年	
	人口数/人	比例/%	人口数/人	比例/%	数量	比例变化/%
国家机关、党群组织、企业、事业单位负责人	18 281	3.49	32 109	4.63	13 828	1.14
专业技术人员	52 290	9.99	80 639	11.63	28 349	1.64
办事人员和有关人员	40 803	7.80	74 162	10.69	33 359	2.89
商业、服务业人员	119 883	22.90	210 276	30.32	90 393	7.42
农、林、牧、渔、水利业生产人员	95 977	18.34	56 092	8.09	−39 885	−10.25
生产、运输设备操作人员及有关人员	195 174	37.29	239 324	34.50	44 150	−2.79
不便分类的其他劳动者	979	0.19	991	0.14	12	−0.05

数据来源：根据广州市2000年、2010年人口普查资料计算得出，其中比重计算取值时进行了舍入修约。

2000年、2010年广州市的职业构成存在较大差别，见图2-2。随着产业结构

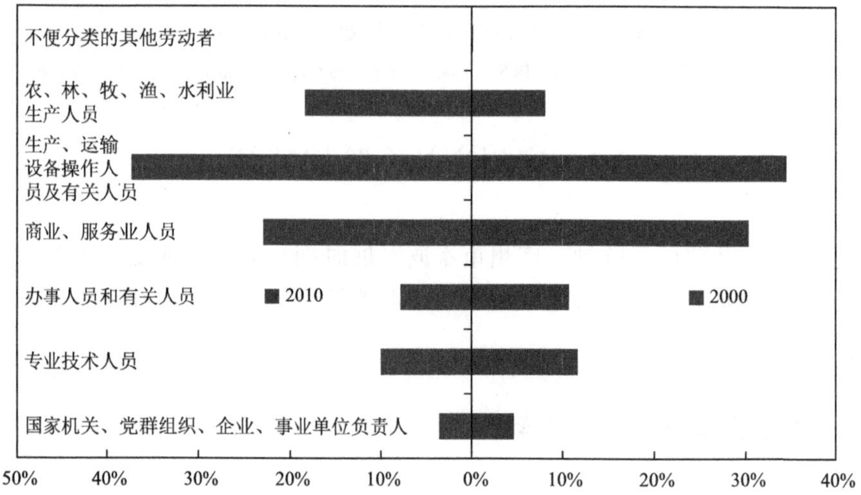

图2-2 2000年、2010年广州市的职业构成

数据来源：广州市2000年、2010年人口普查资料。

升级，职业构成表现出明显的后工业化转型的特征：传统的农、林、牧、渔、水利业生产人员比例大幅度减少，商业、服务业人员大幅增加，专业技术人员也呈增加态势，但仍不是以服务性经济为主要构成，专业技术人员也不占主导地位，这表明广州市在2010年已经处于工业化社会向后工业化社会转型的过渡时期。

2.2.2 不同社会阶层收入差距大

不同社会阶层之间的收入差距日益明显，同一社会阶层内部，收入差距也是不断扩大，见表2-2。

表2-2 2003年广州市不同社会阶层人均年收入比较 （单位：%）

阶层类型	收入范围/万元					
	<1	[1, 4)	[4, 7)	[7, 10)	≥10	总计
在岗工人	24.24	72.91	2.67	0.00	0.18	100
农民	40.29	52.35	5.59	0.59	1.18	100
党政机关干部	5.87	45.40	43.02	5.56	0.15	100
专业技术人员	9.48	57.34	25.06	6.09	2.03	100
社会中介机构从业人员	25.00	53.57	17.86	3.57	0.00	100
私营企业主	15.38	25.00	19.23	17.31	23.08	100
经营管理人员	7.76	40.95	30.39	12.72	8.19	100
离退休人员	27.03	63.06	9.91	0.00	0.00	100
个体户	22.41	51.72	15.52	3.45	6.90	100
外来务工人员	73.20	22.77	3.17	0.00	0.86	100
失业人员	40.64	51.14	7.76	0.00	0.46	100
总计	24.25	50.29	19.06	4.16	2.24	100

数据来源：中共广州市委党校（广州行政学院）课题组撰写的《广州社会阶层变化及其政治影响》，笔者进行整理计算。

据2003年中共广州市委党校（广州行政学院）撰写的《广州社会阶层变化及其政治影响》一书[155]，年收入1万元以下的社会阶层主要包括在岗工人、农民、失业人员、外来务工人员。从实际情况来看，这些人群处在社会阶层结构位序中较低的位置，他们不仅拥有少量的经济资源，而且很少拥有组织资源和文化资源。在年收入7万元以上的较高收入阶层中，党政机关干部、私营企业主、经营管理人员、专业技术人员占了较大的比例。这些人群在社会阶层结构位序中处于较高的位置，他们要么以拥有组织资源（权力）为主要特征，要么以拥有经济资源为主要特征，要么以拥有文化资源为主要特征。三种社会资源的占有情况体现了各社会群体在阶层结构中的社会位置及个人综合社会经济地位的标志。一定程度上也折射出权力、收入或财富、声望日益相对分离，这与改革开放前的高度重合截然不同。

2.2.3 职业分化显著，两极分化严重

改革开放后，广州市传统的“干部、工人和农民”的三种制度身份发生了巨大改变，分化产生出在岗工人、农民、党政机关干部、专业技术人员、社会中介机构从业人员、私营企业主、经营管理人员、离退休人员、个体户、外来务工人员和失业人员 11 个社会群体[155]。社会阶层之间和阶层内部分化日益明显，异质性不断增强。社会阶层的分化不仅表现在不同职业间的流动，还表现在同一职业的社会群体在不同性质经济类别中的分布与职业分化。

广州市基尼系数虽有缩小的趋势，但一直都是高于 0.5，见表 2-3。这个基尼系数值已超出联合国规定的“警戒线”0.4，说明广州市贫富差距较大，两极分化严重。

表 2-3　1998～2010 年广州市基尼系数变化

年份	不同收入家庭居民人均年可支配收入/元						基尼系数①
	低收入家庭	中等偏下收入家庭	中等收入家庭	中等偏上收入家庭	高收入家庭	平均值	
1998	6 189.23	8 726.35	10 665.60	12 952.37	18 708.89	11 255.70	0.53
1999	6 181.22	8 959.64	11 186.15	13 894.42	20 662.73	12 018.52	0.54
2000	6 953.25	10 341.64	12 773.50	15 606.75	24 565.15	13 966.53	0.54
2001	6 854.28	10 472.20	13 394.52	17 130.30	26 192.76	14 694.00	0.54
2002	4 821.81	8 140.78	11 299.39	15 290.16	29 152.99	13 380.47	0.57
2003	5 303.90	9 091.80	13 500.67	18 147.02	29 916.65	15 002.59	0.56
2004	5 737.66	10 473.75	15 400.65	20 460.28	32 685.62	15 002.59	0.55
2005	6 536.28	11 544.42	17 130.91	21 296.13	37 592.94	18 287.24	0.56
2006	7 070.76	12 878.83	28 553.07	22 836.65	38 351.76	19 850.66	0.54
2007	7 743.88	14 553.53	21 161.20	26 526.38	43 365.60	22 469.22	0.55
2008	9 013.84	17 674.93	24 899.42	31 108.19	47 340.31	25 316.72	0.55
2009	10 123.14	19 378.79	27 219.43	33 429.91	49 826.75	27 609.59	0.54
2010	11 048.05	21 173.09	30 230.19	36 912.32	54 963.48	30 658.49	0.54

数据来源：1991～2011 年广州市统计年鉴，根据臧日宏《经济学》中的基尼系数公式计算。

注：①基尼系数 $G=1-\left(2\sum_{i=1}^{n-1}W_i+1\right)\Big/n$，其中 W_i 表示从第 1 组累计到第 i 组的人口总收入占全部人口总收入的比例。

2.3 广州市中产阶层的界定

2.3.1 中产阶层的显现

综合前文的论述，社会学家和经济学家普遍认为，中产阶层不仅体现在收入水平方面，地位声望、职业类型、受教育程度、社会交往、消费及生活方式等都是衡量中产阶层的指标，但这些指标难以进行量化分析。联合国粮食及农业组织（Food and Agriculture Organization of the United Nations，FAO）根据恩格尔系数对居民水平和质量高低予以确定：0.2～<0.3 为最富裕，0.3～<0.4 为富裕，0.4～<0.5 为小康，0.5～<0.6 为温饱，0.6 以上为贫困。故本书采取《广州市统计年鉴》中城市家庭居民人均消费支出指标进行恩格尔系数的估算，进而对广州市中产阶层出现与否进行判定。

如表 2-4、表 2-5 所示，1997 年七分组法下不同收入组的恩格尔系数均大于 0.4，表明这个时期还未出现真正意义上的中产阶层。1998 年以来，高收入家庭的恩格尔系数开始低于 0.4，且保持持续不断地减少，2010 年为 0.27。1999 年中等偏上收入家庭的恩格尔系数也是小于 0.4，中等收入家庭恩格尔系数为 0.4，一定程度上反映了广州市中产阶层出现的时间大概在 1999 年。故本书在进行中产阶层聚居区空间分布演变的时间节点也是以 2000 年为主。

表 2-4 1990～1997 年广州市不同收入家庭恩格尔系数

年份	最低收入家庭	低收入家庭	中等偏下收入家庭	中等收入家庭	中等偏上收入家庭	高收入家庭	最高收入家庭	平均值
1990	0.75	0.68	0.64	0.62	0.59	0.52	0.58	0.63
1995	0.68	0.58	0.57	0.54	0.47	0.43	0.39	0.52
1996	0.65	0.60	0.55	0.51	0.47	0.45	0.41	0.52
1997	0.62	0.60	0.53	0.50	0.45	0.43	0.41	0.51

注：1997 年以前，广州统计年鉴中不同收入城市家庭居民采用七分组法，即最低收入家庭、低收入家庭、中等偏下收入家庭、中等收入家庭、中等偏上收入家庭、高收入家庭、最高收入家庭，每组比例分别占总人口数的 10%、10%、20%、20%、20%、10%、10%。

表 2-5 1998～2010 年广州市不同收入家庭恩格尔系数

年份	低收入家庭	中等偏下收入家庭	中等收入家庭	中等偏上收入家庭	高收入家庭	平均值
1998	0.60	0.52	0.45	0.41	0.35	0.47
1999	0.46	0.43	0.40	0.36	0.22	0.38
2000	0.55	0.48	0.45	0.32	0.33	0.43
2001	0.54	0.44	0.41	0.39	0.32	0.42
2002	0.47	0.38	0.37	0.35	0.27	0.37

续表

年份	低收入家庭	中等偏下收入家庭	中等收入家庭	中等偏上收入家庭	高收入家庭	平均值
2003	0.48	0.45	0.40	0.38	0.32	0.41
2004	0.46	0.44	0.41	0.34	0.31	0.39
2005	0.45	0.43	0.41	0.37	0.30	0.39
2006	0.45	0.42	0.42	0.35	0.31	0.39
2007	0.45	0.42	0.38	0.33	0.28	0.37
2008	0.48	0.41	0.38	0.22	0.38	0.37
2009	0.35	0.32	0.36	0.35	0.31	0.34
2010	0.47	0.41	0.38	0.32	0.27	0.37

注：1998 年以来，广州统计年鉴中不同收入城市家庭居民采用五分组法，即低收入家庭、中等偏下收入家庭、中等收入家庭、中等偏上收入家庭、高收入家庭，每组比例各占总人口的 20%。

2.3.2 中产阶层的收入标准

国外对于中产阶层量化研究方法对于中国来说略不适合。主要是由于中国的税收和财产申报等制度不健全，个人和家庭收入是各种调查中难以厘清的领域，隐性收入大量存在，使得常规的官方个人和家庭收入统计调查很难准确真实地反映实际状况，纯粹使用国外的研究方法会存在很大的局限性。而目前国内学者和专家对划分中国中产阶层的收入标准尚未达成一致意见，为了客观把握广州市中产阶层收入标准，本书采取两种界定方法进行。

（1）中位数测算法

中位数测算法是依据统计学原理，得到反映样本对象平均水平的方法。相对于人均收入，收入中位数被认为是更贴近普通民众的实际生活水平，因此是近几年经常被采用的一种测算中产阶层收入跨度的方法[124]。根据布鲁金斯学会的著名经济学家里·布特赖斯的划分标准，收入在 50%～200%中位数的人都是中产阶层。其中收入中位数[156]（median income）方法只需要最高收入 I_{max} 和最低收入 I_{min} 这两个基本变量，就可以估算出相应的中等收入者的收入取值范围，具体的计算公式如下：

$$R = I_{max} - I_{min}$$

$$MI = (I_{max} + I_{min}) / 2$$

$$UL = (MI + R/6)$$

$$LL = (MI - R/6)$$

其中，R 为极差，MI 为中值，UL 为收入上限值，LL 为收入下限值。根据公式计算得出，2010 年广州市中等收入者人均收入为每年 28678～44908 元。这个计算结果可能是绝大多数人不能接受的。单纯从收入来看，人均收入 28 678 元，相当于每月 2389 元，低于人均年可支配收入五分组法中的中等偏下收入家庭。对于收入差距较大的地区，由于中值标准较高，由此也相应提高了中产阶层收入的划分标准，结果可能是仅仅满足了数据意义上的“中产”要求，而弱化了中产阶层的真实状况。在广州市中产阶层实际调查和走访过程中，大多数中产阶层具有不露富的心理，所公开的个人收入远远小于实际收入。故综合考虑后，本书将中等收入者收入水平乘以 5 得到广州市中产阶层收入标准，得数取整后广州市中产阶层家庭收入范围为每年 14 万～23 万元。按照家庭平均有收入者人数为 2.25，则 2010 年广州市中产家庭年均总收入范围为 32 万～50 万元。

（2）平均值测算法

考虑到收入水平往往是社会分层量化的一个重要指标，为了更加客观反映广州市中产阶层收入标准情况，本书借鉴李培林和张翼[154]对中国中产阶层收入标准的界定方法，即以城市居民人均年收入的平均值 A 为参照标准，高于 $2.5A$ 及以上的社会群体为高收入阶层；平均值 A 与 $2.5A$ 收入之间的社会群体为中产阶层；$0.5A$ 与平均值 A 之间的社会群体为中低收入阶层；$0.5A$ 以下收入的社会群体为低收入阶层。

2010 年广州市城市居民人均年收入平均值 A 为 34 438 元，因此城市居民人均年收入高于 86 095 元的社会群体为高收入阶层；34438～86095 元为中产阶层；17219～34437 元为中低收入阶层，低于 17 219 元为低收入阶层。基于中国人不露富的心理考虑，以及现实中大量隐性收入的存在，统计的收入数据往往都是低于实际收入数据，因此考虑到这点，我们设想乘以某个系数来消除这种误差。李培林等在对中国中产阶层界定时采用了每个收入阶层乘以 1.5 的系数。考虑到 1.5 是全国范围内的一个平均值，广州市作为中国特大城市，按照广州市经济水平比全国经济水平的比值 5 进行计算。调整后的数据显示，人年均收入 43 万元及以上的为高收入阶层；17 万～＜43 万元的为中产阶层；9 万～＜17 万元的为中低收入阶层；9 万元以下的为低收入阶层。

根据平均每户有收入者人数的平均值为 2.25，算出城市家庭年均总收入 100 万元及以上为高收入家庭，40 万～＜100 万元为中产收入家庭；20 万～＜40 万元为中低收入家庭；20 万以下为低收入家庭。

综合比较以上两种方法得出的中产阶层收入范围，最终确定广州市中产阶层人均年收入下限为 17 万元，上限为 40 万元。中产阶层家庭年总收入上限为 100 万元，下限为 40 万元。人年均收入≥40 万元，家庭年均总收入≥100 万元的为高收入阶层；人年均收入为 9 万～＜17 万元，家庭年均总收入 20 万～＜40 万元的为中低收入阶层；人年均收入低于 9 万元，家庭年均总收入 20 万元以下的为低收入阶层（表 2-6）。

表 2-6　2010 年广州市中产阶层收入界定

平均值 A		高收入阶层	中产阶层	中低收入阶层	低收入阶层
		≥2.5A	A～2.5A	0.5A～<A	<0.5A
城市居民人均年收入/元	调整前	≥86 095	34438～86095	17219～34437	<17 219
	调整后	≥430 475	172190～431415	86095～172189	<86 095
城市家庭年均总收入/万元		≥100	40～<100	20～<40	<20

2.3.3　中产阶层的职业类型

中国中产阶层产生于制度剧烈变迁过程之中，这一制度变迁就是由计划经济体制向市场经济体制的转型。伴随着广州市工业化、城市化、现代化、市场化进程的进一步发展，各种社会资源配置也从改革初期的扩散模式转变为 20 世纪 90 年代的积聚模式，第一个直接社会后果就是社会中形成了一个支配政治经济权力和资源的强势精英群体。精英阶层的出现及其在社会生活中垄断地位的巩固，不仅标志着两极分化社会的形成，而且意味着两极分化的不可逆转性。

以职业标准界定中产阶层是目前社会学界的通常做法。有些研究者把小雇主阶层称为“老中产阶层”，而把白领管理阶层和非体力的其他白领阶层称为“新中产阶层”。其实在职业分类的基础上，每个职业都可能出现中产阶层，只是不同职业所占比例大小不同。根据表 2-2 数据可知，私营企业主、经营管理人员和个体户的年收入水平相对较高，其次是专业技术人员和党政机关干部，农民和失业人员年收入水平最低。故本书认为能够纳入广州市中产阶层职业类型主要是政府机关管理者、企事业管理者、专业技术人员、商业、服务业人员及私营企业主。

2.3.4　中产阶层的受教育程度

文化资源的占有情况主要反映在受教育程度上，因此受教育程度是判断中产阶层的一个重要指标。随着中国中、高等教育发展迅速，人们受教育水平普遍提高，相应的各职业受教育程度也有显著改善。

20 世纪 90 年代以前，脑体倒挂现象显著，拥有较多文化资源的知识分子平均经济收入不如体力劳动者。20 世纪 90 年代以后，脑体倒挂现象开始发展逆向变化，学历越高的人的收入往往也越高，这与 90 年代前形成鲜明对比。根据前文对各职业收入水平的比较分析，以知识分子比较集中的专业技术人员和经营管理人员为例，学历越高收入越高的特点非常明显。因此，随着广州市经济结构调整，受教育程度在阶层分化中起着重要作用。

表2-7反映了2000～2010年广州市同等教育程度下不同职业人口比例。农、林、牧、渔、水利业生产人员与商业、服务人员间的阶层流动较大，说明较大比例的，没有任何文化资源的农、林、牧、渔、水利业生产人员加快转型为商业、服务业人员。专科与本科教育程度间的职业人口中，办事人员和有关人员、专业技术人员、生产、运输设备操作人员及有关人员的比例较大。研究生教育程度的群体主要集中于专业技术人员、办事人员和有关人员、国家机关、党群组织、企业、事业单位负责人。

表2-7 2000～2010年广州市同等教育程度下不同职业人口比例 （单位：%）

2000年							
职业类型	未上过学	小学	初中	高中	专科	本科	研究生
国家机关、党群组织、企业、事业单位负责人	1.77	2.32	2.72	5.08	8.52	10.14	10.51
专业技术人员	1.10	1.68	2.69	9.94	30.18	43.37	61.93
办事人员和有关人员	2.50	4.94	5.60	12.43	21.77	23.84	18.30
商业、服务业人员	34.73	28.91	30.73	37.31	27.63	16.57	6.45
农、林、牧、渔、水利业生产人员	32.54	27.94	10.02	3.21	0.62	0.21	0.16
生产、运输设备操作人员及有关人员	27.06	34.06	48.03	31.92	11.22	5.84	2.61
不便分类的其他劳动者	0.30	0.15	0.21	0.11	0.06	0.03	0.04
合计	100	100	100	100	100	100	100
2010年							
职业类型	未上过学	小学	初中	高中	专科	本科	研究生
国家机关、党群组织、企业、事业单位负责人	0.25	0.86	1.98	4.95	12.53	13.11	15.05
专业技术人员	0.25	0.87	2.32	9.07	41.80	54.95	66.29
办事人员和有关人员	1.50	2.67	5.07	11.77	24.07	19.21	14.70
商业、服务业人员	26.39	20.80	30.72	30.30	13.11	7.82	2.36
农、林、牧、渔、水利业生产人员	55.66	45.61	23.07	7.94	0.42	0.18	0.08
生产、运输设备操作人员及有关人员	15.93	29.18	36.83	35.92	8.07	4.73	1.52
不便分类的其他劳动者	0.02	0.01	0.01	0.05	0.00	0.00	0.00
合计	100	100	100	100	100	100	100

数据来源：广州市2000年、2010年人口普查资料。

表2-8反映了2000～2010年广州市同一职业阶层内不同受教育程度人口比例。国家机关、党群组织、企业、事业单位负责人内部受教育程度呈现高文化层次趋

势，大学本科教育程度以下人口比例趋于下降，研究生教育程度比例提高；专业技术人员中大学专科以上教育程度人口比例较大，研究生教育程度（7.13）比例高于其他职业研究生教育程度；办事人员和有关人员大学专科及以上教育程度人口比例加大，大学专科以下人口逐渐缩小，研究生比例仅次于国家机关、党群组织、企业、事业单位负责人。商业、服务业人员受教育程度大都处于高中及以下教育程度，专科及以上受教育程度也呈小幅上升，说明商业、服务业人员是一个拥有经济资源但缺乏文化资源的群体，受教育程度维持在本科；农、林、牧、渔、水利业生产人员和生产、运输设备操作人员及有关人员的受教育程度整体偏低，以高中及以下教育程度为主。

表 2-8　2000～2010 年广州市同等职业不同受教育程度人口比例（单位：%）

2000 年								
职业类型	未上过学	小学	初中	高中	专科	本科	研究生	合计
国家机关、党群组织、企业、事业单位负责人	0.06	4.42	20.90	33.52	24.32	14.62	2.16	100
专业技术人员	0.02	1.56	8.48	37.18	28.19	21.27	3.30	100
办事人员和有关人员	0.16	6.14	23.92	38.37	20.90	9.57	0.94	100
商业、服务业人员	0.95	16.33	49.40	28.06	3.88	1.33	0.05	100
农、林、牧、渔、水利业生产人员	2.45	43.91	45.49	7.96	0.15	0.04	0.00	100
生产、运输设备操作人员及有关人员	0.48	19.06	49.29	28.49	1.98	0.67	0.03	100
不便分类的其他劳动者	0.00	28.57	57.14	14.29	0.00	0.00	0.00	100
2010 年								
职业类型	未上过学	小学	初中	高中	专科	本科	研究生	合计
国家机关、党群组织、企业、事业单位负责人	0.09	4.69	26.51	27.05	19.87	18.75	3.04	100
专业技术人员	0.02	1.36	10.43	21.07	28.04	31.95	7.13	100
办事人员和有关人员	0.06	4.33	23.59	28.64	21.99	19.10	2.29	100
商业、服务业人员	0.27	8.94	45.66	30.33	9.84	4.68	0.28	100
农、林、牧、渔、水利业生产人员	0.95	32.37	55.83	9.76	0.83	0.23	0.03	100
生产、运输设备操作人员及有关人员	0.19	9.25	62.70	22.80	3.51	1.45	0.10	100
不便分类的其他劳动者	0.50	9.08	64.68	18.97	4.55	1.82	0.40	100

数据来源：广州市 2000 年、2010 年人口普查资料。

结合前文不同职业收入水平、职业类型及对中产阶层的界定，将收入、职业、教育三维度进行叠加，认为广州市中产阶层的文化层次标准可以定为专科以上受教育程度，这点在后面问卷调查和深度访谈中得到了证实。

2.4 广州市中产阶层特征分析

根据 1999～2011 年广州市统计年鉴相关数据对广州市中产阶层显现时间、收入标准、职业类型和受教育程度等方面进行了定量评估，这里结合 1130 份有效问卷对广州市中产阶层群体的社会属性特征进行分析，调查问卷具体情况说明详见本书第二章内容。

2.4.1 年龄与家庭构成

被调查者男女性别比为 44.6∶55.4，年龄均值为 41 岁，中值为 40 岁。整体上广州市中产阶层年龄构成主要集中在 31～50 岁，见图 2-3，其中 31～35 岁占总样本量 12.4%，36～40 岁占 24.1%，即问卷调查中 31～40 岁的中产阶层占总样本量的 36.5%。表 2-9 中，这些中产阶层大多处于刚成家立业、生育子女、家庭成员增多、事业处于上升期的阶段，追求个人事业发展和家庭住房面积扩大是大多数中产阶层的现实需求。41～45 岁的中产阶层占总样本量的 19.9%，46～50 岁占 11.8%，40～50 岁的中产阶层占 31.7%，这个年龄阶段的中产阶层大多是处于个人事业稳定、子女正值受教育的阶段，考虑是否改变住房计划是这个年龄段中产阶层的现状。51～60 岁的中产阶层占总样本量 17.7%，这个年龄阶段的中产阶层大多是事业有成、子女成人、衣食无忧，追求更高生活质量是其改变住房计划的主要原因。30 岁及以下的中产阶层占总样本量的 13.2%，这个年龄阶段的中产阶层大都是刚结婚的阶段，也是最需要住房的阶段。

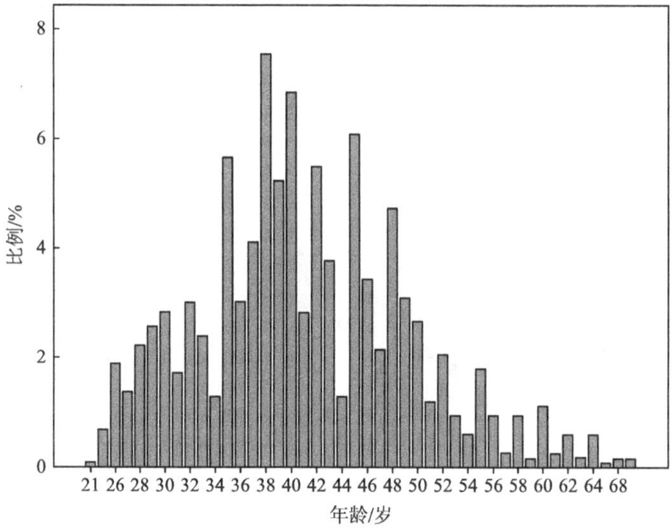

图 2-3 广州市中产阶层年龄构成

数据来源：问卷调查数据。

表 2-9　问卷调查中广州市中产阶层年龄阶段频率　（单位：%）

年龄	30 岁及以下	31～35 岁	36～40 岁	41～45 岁	46～50 岁	51～55 岁	56～60 岁	61 岁及以上
频率	13.2	12.4	24.1	19.9	11.8	15.3	2.4	0.9

数据来源：问卷调查数据。

被调查者家庭类型约 50.3%属于核心家庭，这些家庭成员主要是夫妻和子女。被调查者家庭约 45.4%属于联合家庭，主要有夫妻、子女和父母。2.3%的被调查者家庭包括夫妻两人，2.0%的被调查者未婚、单身。不同家庭类型构成对住房需求有较大的不同，这也决定了家庭居住空间的变迁是随家庭发展阶段的不同而改变。

2.4.2　私家车和住房资源拥有情况

经济收入水平主要从私家车和住房两个方面考虑。图 2-4 和图 2-5 反映了广州市中产阶层私家车数量和私家车最高价位，结果显示：51.6%的被调查者有 1 部私家车，41.6%的被调查者表示有 2 部车，5.4%的被调查者表示有 3 部车，1%的被调查者表示有 4 部车，仅 0.4%的被调查者表示有 5 部车。从私家车最高价位来看相差较大，最高价位为 160 万元，最低价位为 18 万元，平均价位为 32 万元，众数价位为 39 万元。被调查者拥有私家车的最高价位在 20 万元及以下的占 14.2%，20 万～<25 万元的占 22.2%，25 万～<32 万元的占 38.4%，32 万～<50 万元的占 17.9%，50 万元及以上的占 8.2%。

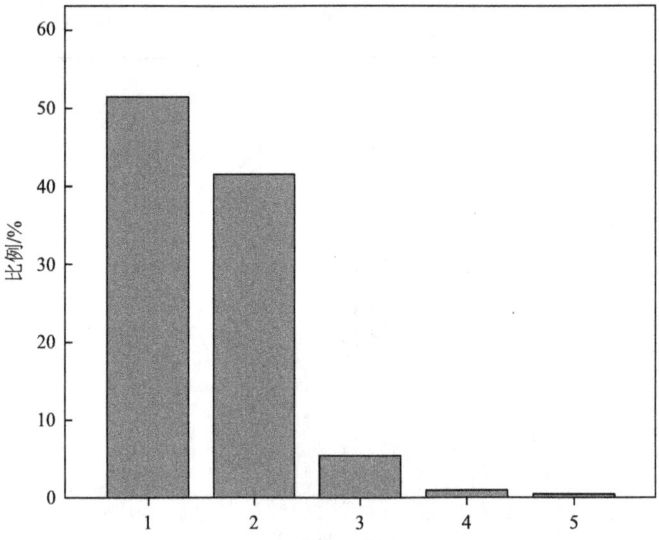

图 2-4　广州市中产阶层私家车数量

数据来源：问卷调查数据。

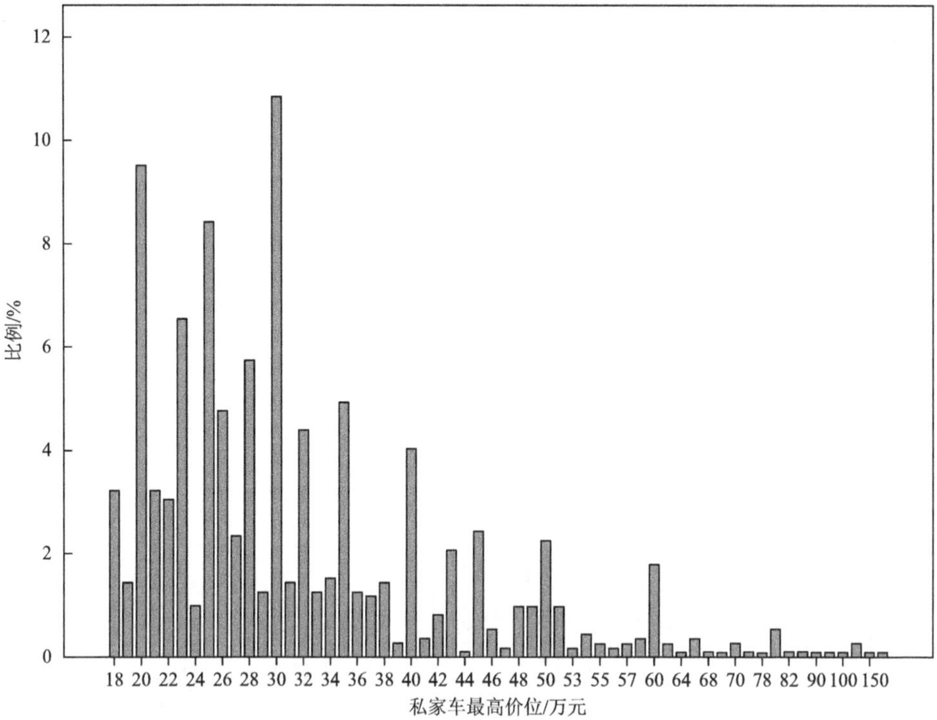

图 2-5　广州市中产阶层私家车最高价位

数据来源：问卷调查数据。

广州市中产阶层之间住房水平存在一定差异。从图 2-6 和图 2-7 被调查者住房数量和人均住房面积来看，广州市中产阶层住房数量平均值是 1.8 套，中值为 2 套，

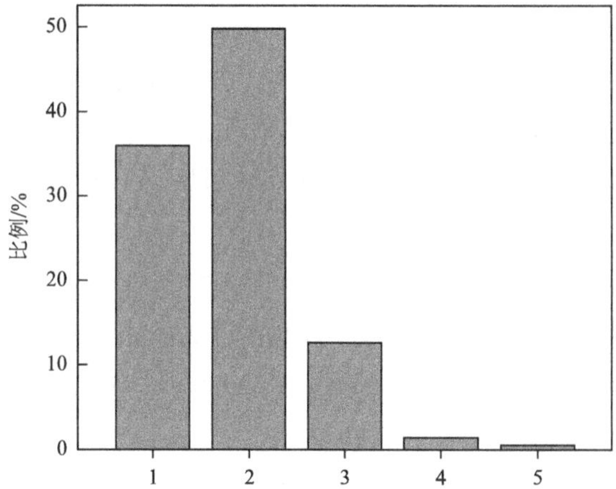

图 2-6　广州市中产阶层拥有住房数量

数据来源：问卷调查数据。

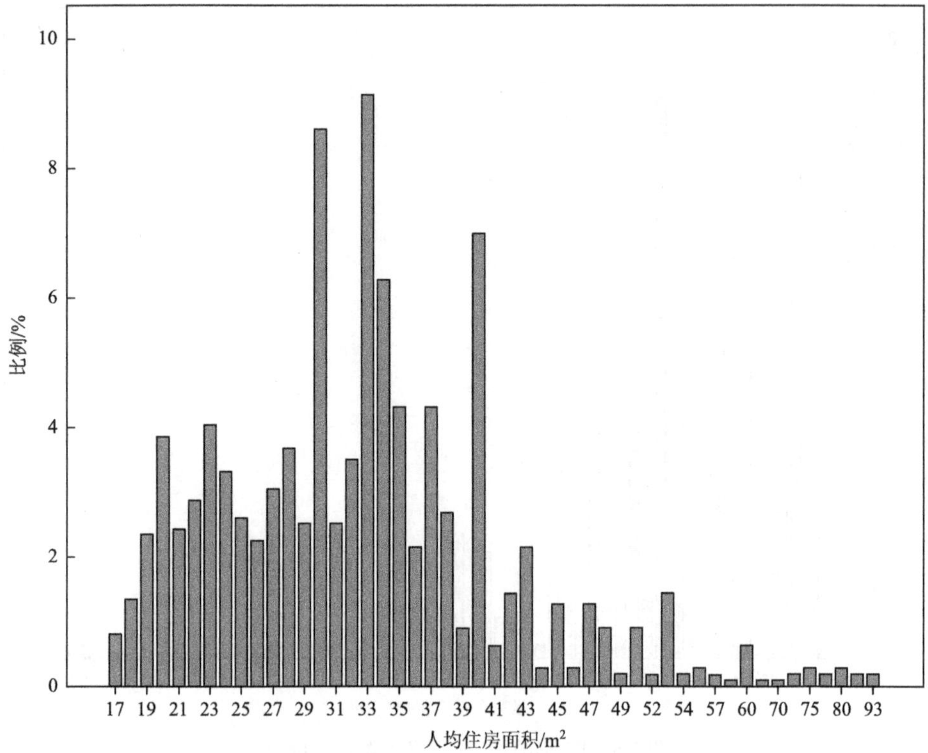

图 2-7　广州市中产阶层人均住房面积

数据来源：问卷调查数据。

住房数量最多为 5 套，最少为 1 套。在被调查者中，49.7%的被调查者表示有 2 套住房，35.9%的被调查者表示有 1 套住房，12.5%的被调查者表示有 3 套住房，仅 1.9%的被调查者表示有 4 套及以上住房。人均住房面积平均值为 $32.8m^2$，中值为 $33m^2$，众数为 $33m^2$，人均住房面积最大为 $93m^2$，最小为 $17m^2$。以平均值 $32m^2$ 为标准，人均住房面积低于 $32m^2$ 的被调查者占 45%，人均住房面积高于 $32m^2$ 的被调查者占 55%。

2.4.3　受教育程度

被调查广州市中产阶层受教育程度方面（图 2-8），专科及以下受教育程度的被调查者占 20.7%，本科占 67.8%，研究生以上占 11.5%。

2.4.4　职业和行业结构

职业和行业是中产阶层社会身份的主要体现。不同职业和行业决定了家庭居住变迁频率机会的大小。

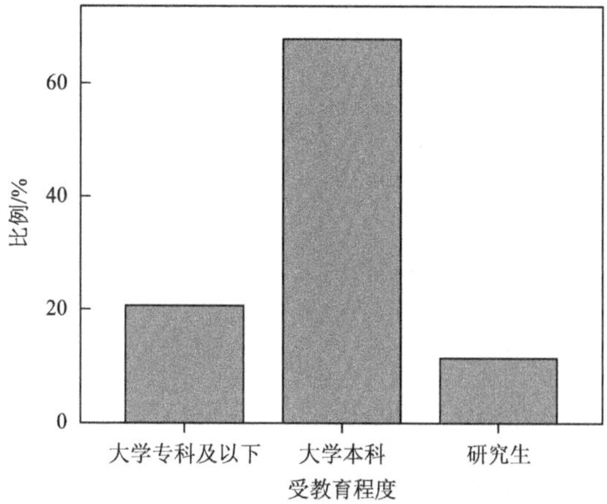

图 2-8 广州市中产阶层受教育程度

数据来源：问卷调查数据。

被调查者职业类型方面，政府机关管理者、企事业管理者的比例为 34.8%，占比最大；其次是私营企业主，占比 26.7%；其他从业者比例为 0.72%，占比最小。被调查者行业类型方面，从事批发和零售业的比例为 18.3%，占比最高；其次是金融业，占比 11.01%。如图 2-9、2-10 所示。

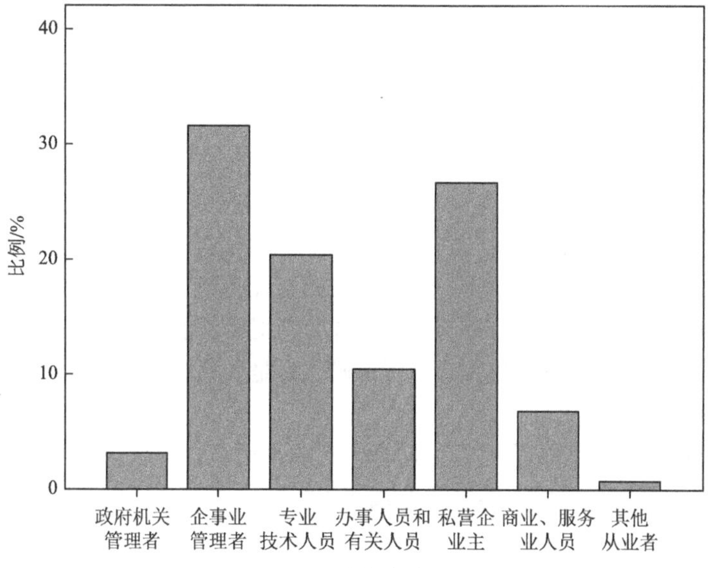

图 2-9 广州市中产阶层职业结构

数据来源：问卷调查数据。

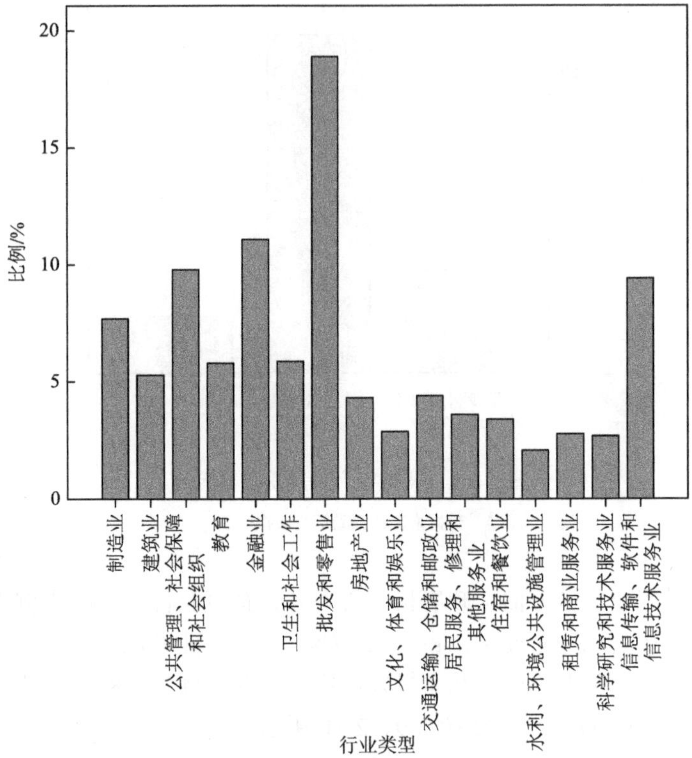

图 2-10　广州市中产阶层行业结构

数据来源：问卷调查数据。

2.4.5　生活方式

（1）通勤特征

中产阶层因有较高的经济水平，私家车是家庭必备的通勤工具。图 2-11 中，78.6%的被调查者通勤工具是私家车；6.5%的被调查者是采取步行的方式，步行的大多是上班与居住地点相近的群体；5.2%的被调查者通勤工具主要是公交车；5.1%的被调查者通勤工具是地铁；2.8%的被调查者通勤工具是单位班车；1.3%的被调查者通勤工具是出租车；仅 0.5%的被调查者通勤工具是采取低碳出行的自行车。

（2）生活关注热点

中产阶层对于国家政策的制定具有一定的话语权，是代表国家社会经济发展的战略性群体，拥有现代化的生活方式和生活理念。广州市中产阶层获取外界信息的主要渠道是网络、报纸和电视。在图 2-12 中，将广州市中产阶层日常生活关注的三个主要话题按照关注度从高到低进行排序，第一是食品安全问题，第二是国内社会问题，第三是环境保护问题。在问卷调查过程中，我们发现关注话题类型差异、关注程度的高低与中产阶层的职业类型有着较大关联。

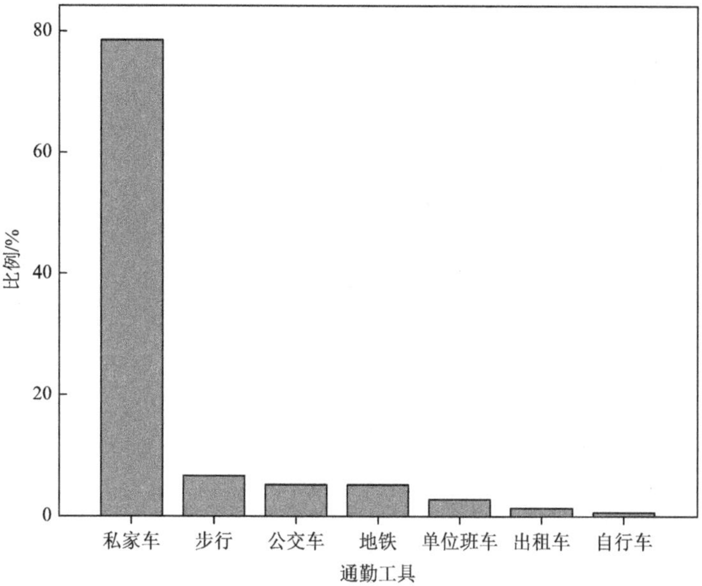

图 2-11　广州市中产阶层通勤工具

数据来源：问卷调查数据。

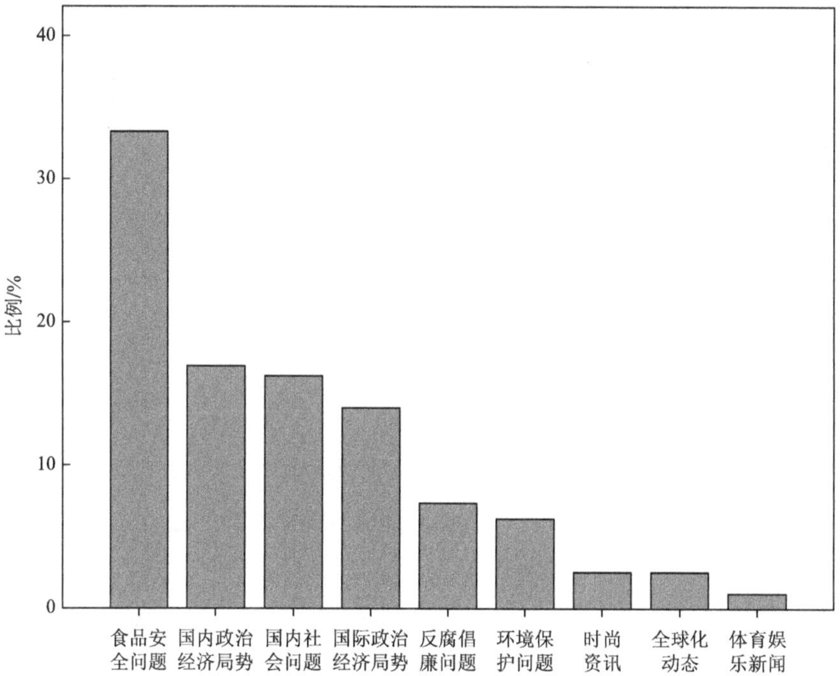

(a) 第一关注热点话题

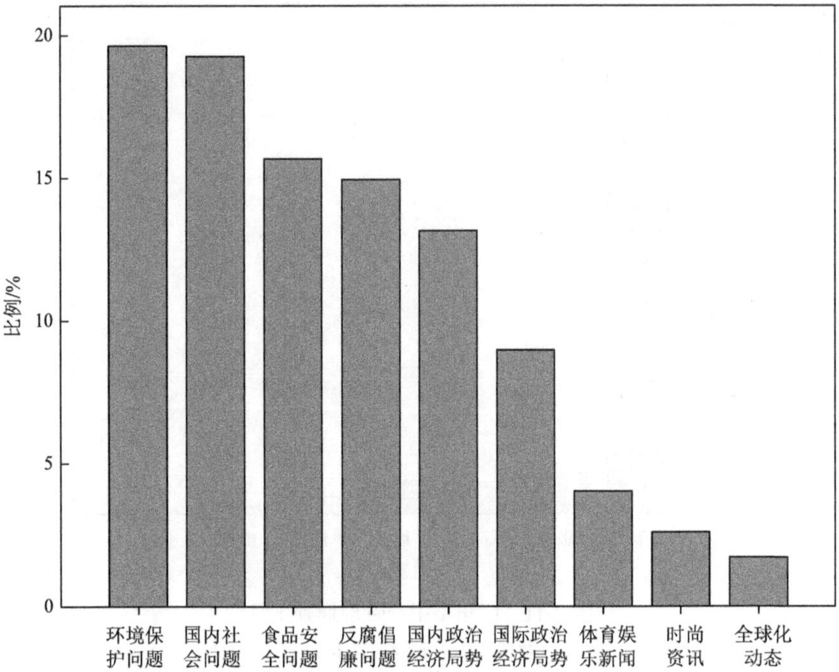

(b) 第二关注热点话题

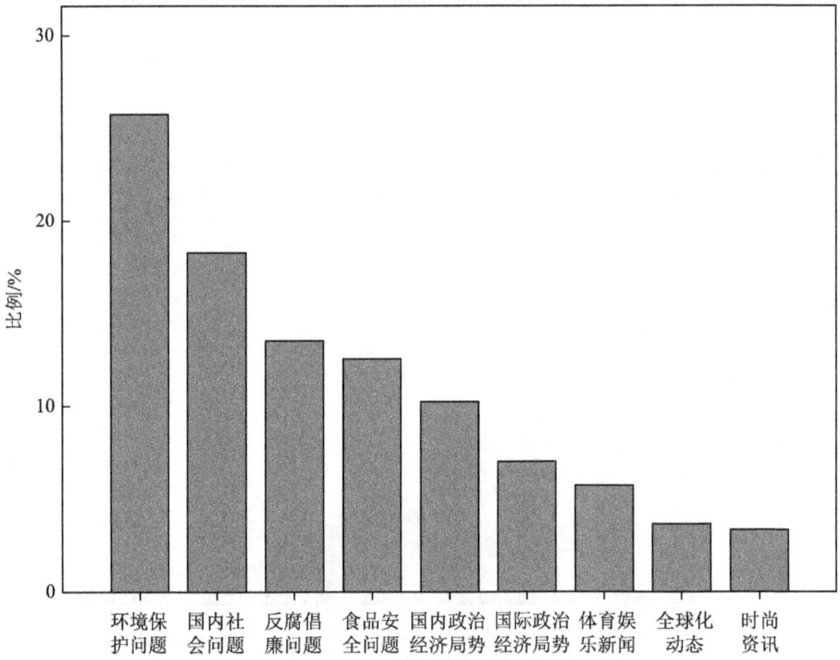

(c) 第三关注热点话题

图 2-12　广州市中产阶层日常关注的三个主要话题

数据来源：问卷调查数据。

不同职业类型关注的热点话题是不一样的，见表 2-10。从事政府机关管理的中产阶层更多地关注国内政治经济局势和国内社会问题；从事企事业管理的中产阶层主要关注国际政治经济局势、全球化动态和国内政治经济局势；从事专业技术的中产阶层更多地关注国内社会问题、全球化动态及国内政治经济局势；办事人员和有关人员更多地关注环境保护问题、体育娱乐新闻和时尚咨询；私营企业主更多地关注食品安全问题、国内政治经济局势和国内社会问题；从事商业、服务业的中产阶层主要关注反腐倡廉问题；其他从业者没有表现出明显的差异。

表 2-10 问卷调查中广州市中产阶层日常生活关注热点话题

职业类型		国内政治经济局势	国际政治经济局势	国内社会问题	环境保护问题	食品安全问题	反腐倡廉问题	体育娱乐新闻	时尚资讯	全球化动态
政府机关管理者	计数/人	68	14	30	6	9	10	2	0	1
	话题内比例/%	14.0	2.0	3.6	0.9	0.9	2.1	1.6	0	1.1
企事业管理者	计数/人	142	471	190	167	201	139	37	33	32
	话题内比例/%	29.3	68.6	22.7	24.5	20.4	29.1	28.9	25.1	35.6
专业技术人员	计数/人	104	71	357	104	128	73	29	20	26
	话题内比例/%	21.5	10.3	42.7	15.2	13.0	15.3	22.7	21.3	28.9
办事人员和有关人员	计数/人	35	34	58	194	75	39	17	12	4
	话题内比例/%	7.2	4.9	6.9	28.4	7.6	8.2	13.3	12.8	4.4
私营企业主	计数/人	103	69	147	170	511	116	26	26	23
	话题内比例/%	31.3	10.0	27.6	24.9	52.0	24.3	20.3	22.7	15.6
商业、服务业人员	计数/人	29	25	48	38	54	100	8	2	4
	话题内比例/%	6.0	3.6	5.7	5.6	5.5	20.9	6.3	2.1	4.4
其他从业者	计数/人	3	3	7	3	5	1	9	1	0
	话题内比例/%	0.6	0.4	0.8	0.4	0.5	0.2	7.0	1.1	0

数据来源：问卷调查数据。

职业类型的差异带来的关注热点的差异，在进行深度访谈时也得到了验证。

平时信息来源的话，我主要是有选择性的通过浏览 2～3 个固定的网站和报纸，比如凤凰网、新浪网等主流网站，主要看这些主流网站上点击率排前的新闻，尤其是对国内外经济话题比较感兴趣，因为我本身是学经济的，现在的工作也是围绕经济这块。偶尔也会浏览新浪博客，个人觉得里面有一些博客的观点具有一定的思辨性，还是值得思考的。

——李某（男，50 岁）

日常关注热点的话，我主要比较关注国内外经济形势、食品安全问题。首先，了解国内外经济发展形势对于我们这个行业发展至关重要；其次是食品安全，这个关乎到家人饮食安全和健康的问题。

——张某（女，34 岁）

（3）社会交往

社会交往方面主要从两个层面进行考虑，即日常交往和社区交往。图 2-13 反映了广州市中产阶层日常交往对象，亲属作为中产阶层第一交往对象的占 62.1%，同事作为中产阶层第二交往对象的占 36.2%，同乡好友作为第三交往对象的占 26.2%。

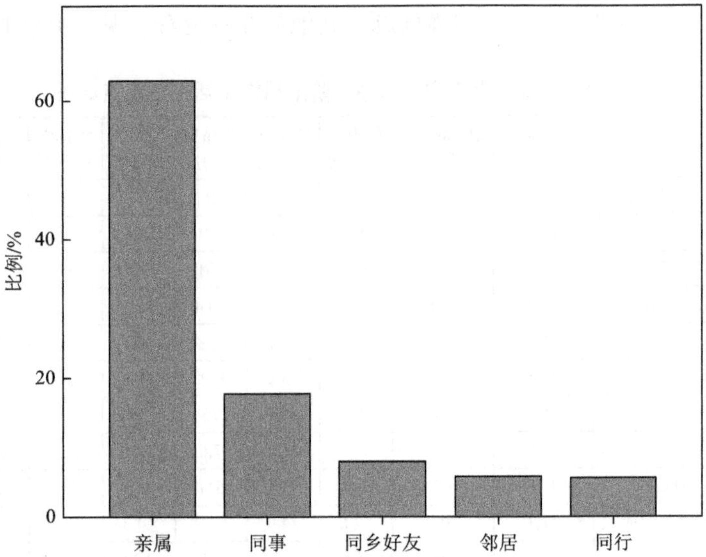

(a) 第一交往对象

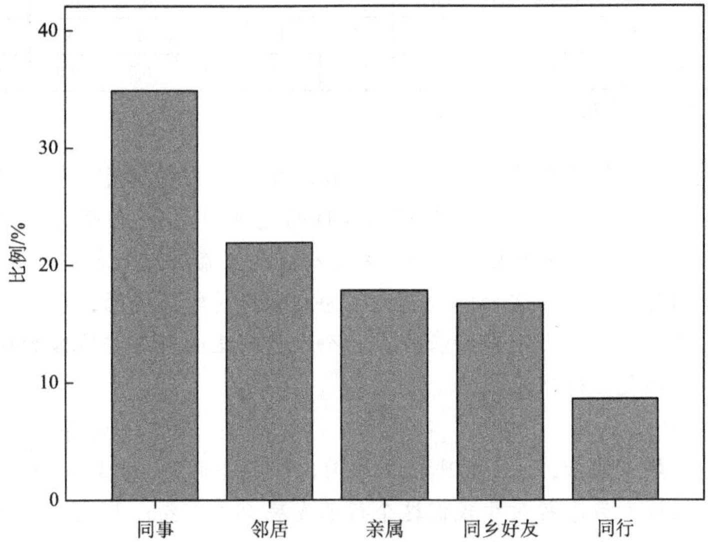

(b) 第二交往对象

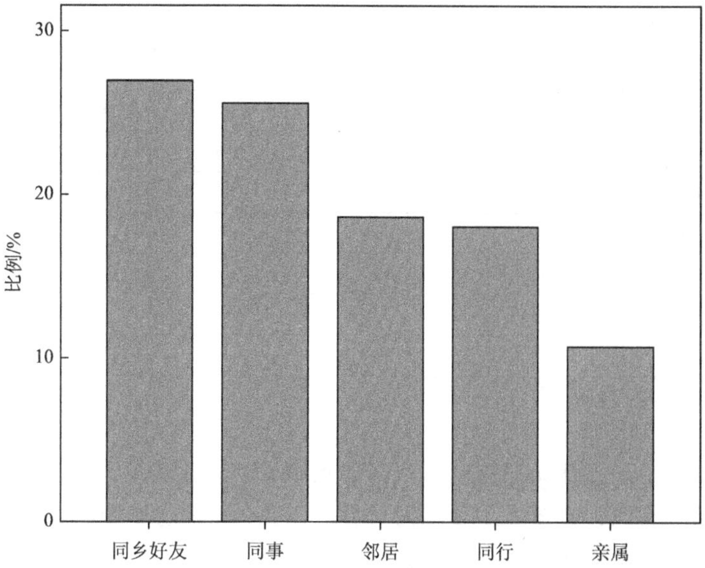

(c) 第三交往对象

图 2-13　广州市中产阶层日常交往对象

数据来源：问卷调查数据。

社区交往方面，表 2-11 结果显示 57.7%的被调查者表示与社区邻里大多只是礼节性的见面打招呼，25.0%的被调查者表示经常联系，12.6%的被调查者表示有事再联系，仅 4.8%的被调查者表示从不交往。从性别来看，男性和女性中产阶层在社区交往频率上并没有表现出明显的差别，基本都是以礼节性见面打招呼为主，从不交往的占较小比例。如果社区有活动，47.3%的被调查者表示视情况而定，23.5%的被调查者表示愿意参加，10.0%的被调查者表示愿意推荐家人参加，19.4%的被调查者表示不愿意参加。不愿意参加社区活动的主要原因是没有时间。男性和女性被调查者在社区活动参与程度上有着明显的差别，其中 27.3%的男性表示不愿意参加社区活动，10.4%的男性表示愿意参加，13.7%的女性表示不愿意参加社区活动，32.9%的女性表示愿意参加社区活动。

表 2-11　广州市中产阶层社区交往

社区邻里间交往频率						
性别		礼节性见面打招呼	从不交往	经常性联系	有事再联系	总计
男性	计数/人	257	31	124	47	459
	比例/%	56.0	6.8	27.0	10.2	100
女性	计数/人	395	23	158	95	671
	比例/%	58.9	3.4	23.5	14.2	100
总计	计数/人	652	54	282	142	1130
	比例/%	57.7	4.8	25.0	12.6	100

续表

社区活动参与						
性别		愿意参加	不愿意参加	视情况而定	愿意推荐家人参加	总计
男性	计数/人	49	129	216	79	473
	比例/%	10.4	27.3	45.7	16.7	100
女性	计数/人	216	90	318	33	657
	比例/%	32.9	13.7	48.4	5.0	100
总计	计数/人	265	219	534	112	1116
	比例/%	23.5	19.4	47.3	9.9	100

数据来源：问卷调查数据。

我对现住小区整体比较满意，社区邻里间关系比较和谐，认识的邻居大多是有孩子的同龄妈妈，孩子在小区花园玩耍时，我们就在旁边聊天，聊天内容的话也基本围绕孩子生活起居、教育之类的内容。

——张某（女，34 岁）

社区交往的话主要是通过小区内部论坛，通过论坛认识并结交了很多朋友，都是志同道合的，爱好兴趣差不多，经常会一起打球，或者几个家庭出去游玩。

——高某（男，40 岁）

社区活动的话，我参与的不多。在这边居住了五年，只参加过一次社区活动。目前小区有一个业主 QQ 群，我也加入了这个群，但里面的活动基本没有参加过。主要是觉得没有必要，目前自己跟朋友间的活动比较多，已经满足了自己所需。

——高某（男，36 岁）

我很少参与社区活动，大多是通过亲戚、朋友和小孩等渠道认识一些社区内部人。主要觉得自己平常工作生活精力和时间有限，与朋友、亲人和同学之间的交往已经满足需求，所以没有动力参加社区活动。对于社区中的邻居，仅是见面打个招呼。

——江某（女，38 岁）

这也体现了女性中产阶层社区交往程度高于男性中产阶层，主要原因归结于女性通过照顾子女而结识女性邻居。

在社区归属感方面，64.0%的被调查者对现住社区的归属感一般，25.0%的被调查者表示有强烈归属感，11.0%的被调查者则认为完全没有。从表 2-12 不同职业和户籍性质下中产阶层社区归属感的比较可以看出：不同职业类型下，企事业管理者对自己所住的社区归属感比较强烈；政府机关管理者、专业技术人员、商业、服务业人员归属感一般；私营企业主大多数表示现住小区没有什么归属感。

不同户籍性质下，广州市户籍的中产阶层表现出较强的社区归属感，非广州市户籍则大多没有什么归属感。

表 2-12 广州市中产阶层社区归属感

职业类型		强烈归属感	一般归属感	没有归属感	总计
政府机关管理者	计数/人	12	24	3	39
	比例/%	4.2	3.3	2.5	3.5
企事业管理者	计数/人	104	222	27	353
	比例/%	38.2	30.6	22.7	31.6
专业技术人员	计数/人	51	150	27	228
	比例/%	18.8	20.7	22.7	20.4
办事人员和有关人员	计数/人	28	82	7	117
	比例/%	10.3	11.3	5.9	10.5
私营企业主	计数/人	63	191	44	298
	比例/%	23.2	26.3	37.0	26.7
商业、服务业人员	计数/人	26	50	11	87
	比例/%	9.1	6.9	9.2	7.8
其他从业者	计数/人	2	6	0	8
	比例/%	0.7	0.8	0	0.7
总计	计数/人	286	725	119	1130
	比例/%	100	100	100	100
户籍		强烈归属感	一般归属感	没有归属感	总计
广州市户籍	计数/人	262	692	93	1047
	比例/%	91.6	95.4	78.2	92.7
非广州市户籍	计数/人	24	33	26	83
	比例/%	8.4	4.6	21.8	7.3
总计	计数/人	286	725	119	1130
	比例/%	100	100	100	100

数据来源：问卷调查数据。

此外，对于全球化对个人带来的影响，被调查者认为首先主要体现在生活方式的改变（52.2%），其次是消费模式的改变，最后是文化价值观的重塑，而仅有 27.8%被调查者表示没有太大影响。在日常的生活中，50.8%的被调查者表示第一注重自身健康，第二是家庭物质条件，第三是子女教育，第四是个人文化品位，第五是人生价值观的追求。宗教信仰方面，78.2%的被调查者表示没有宗教信仰，21.9%的被调查者表示有宗教信仰，主要有佛教（57.4%）、民间信仰（31.82%）和基督教（5.79%）。

（4）休闲娱乐方式与投资行为

表 2-13 为广州市中产阶层不同类型休闲娱乐活动参加频率。可以看出，广州市中产阶层日常的主要休闲活动是跑步等常规运动（52.2%）、健身等时尚休闲运动（47.8%）、旅游度假（13.8%）、高尔夫等优雅运动（8.7%）。84.2%的被调查者表示旅游度假是偶尔进行的休闲娱乐活动。

表 2-13　广州市中产阶层不同类型休闲娱乐活动参加频率（单位：%）

项目类型	经常	偶尔	从不	总计
跑步等常规运动	52.2	42.7	5.1	100
探险等极限运动	1.7	13.7	84.6	100
健身等时尚休闲运动	47.8	37.8	14.4	100
高尔夫等优雅运动	8.7	38.2	53.1	100
旅游度假	13.8	84.2	2.0	100

数据来源：问卷调查数据。

92.7%的被调查者表示每年都会有旅游计划，旅游计划安排倾向于国内游的被调查者占 69.6%，国内游的平均值是每年 2 次，每次旅游时间平均为 4 天；倾向于出境游的被调查者占 30.4%，出境游平均每年 1 次，每次旅游时间平均为 6 天。旅游的主要目的主要是观光（52.15%）、娱乐消遣（25.36%）。55.95%的被调查者旅游目的地一般会倾向于自然观光地，16.55%的被调查者倾向于城市观光地，17.62%的被调查者倾向于名胜古迹观光地，仅 9.88%的被调查者表示视情况而定。

投资方面，69.3%的被调查者主要是进行证券投资，16.3%的被调查者主要是实业投资，11.7%的被调查者表示其主要投资方式是房地产，仅有 2.7%的被调查者表示没有投资。

2.4.6　社会阶层认同

在自我认识方面中产阶层有着相对较高的社会身份认同。调查问卷结果显示，广州市中产阶层对于中产阶层的本质体现和社会特征有着较统一的认识，其中 84.5%的被调查者认为中产阶层有着较高的经济水平；52.6%的被调查者认为中产阶层有着较高的社会地位；48.3%的被调查者认为中产阶层应接受过正规的职业训练和高等教育；45.1%的被调查者认为中产阶层过着有品位的生活；44.4%的被调查者认为中产阶层有较高的文化素养；18.5%的被调查者认为中产阶层应具有超前的消费观念。

对于中产阶层的本质特征，被调查者认为，一是优质生活方式的倡导者（62.6%），其超前的消费意识和生活理念，引导生活方式改变；二是国家政策的支持者（57.5%）；三是国家社会稳定的中坚力量（53.5%）。

2.5 小 结

本章通过对中国社会阶层演变和广州市社会阶层演变特征进行分析，得出以下结论。

①中国社会阶层结构由改革开放前的“同质性高，社会流动低，财富、权力、声望集聚一体”的“金字塔”形结构演变为“高异质性、高流动性、财富、权力、声望分离”的“橄榄型”结构；社会阶层之间和阶层内部分化日益明显，异质性不断增强。

②广州市社会阶层分化显著，产业人员向第三产业转移，不同社会阶层收入差距逐渐增大。根据推算，广州市中产阶层显现的时间大概是在 1999 年。综合比较中位数法和平均值法，最终确定广州市中产阶层人均年收入下限为 17 万元，上限为 40 万元；中产阶层家庭年均总收入上限为 100 万元，下限为 40 万元；人年均收入≥40 万元，家庭年均总收入≥100 万元的为高收入阶层；人年均收入为 9 万～＜17 万元，家庭年均总收入 20 万～＜40 万元的为中低收入阶层；人年均收入低于 9 万元，家庭年均总收入低于 20 万元以下的为低收入阶层。在受教育程度方面，广州市中产阶层的文化层次标准确定为专科以上。职业类型方面，广州市中产阶层的职业主要集中在国家机关管理者、企事业管理者、专业技术人员（高级知识分子）、私营企业主及商业服务业人员。

③通过调查问卷分析，广州市中产阶层社会特征主要有以下几个方面。年龄主要集中在 31～50 岁；家庭类型多由夫妻 2 人和 1 个子女构成的核心家庭；平均拥有 1 辆私家车、2 套住房，人均住房面积 $32m^2$；受教育程度以本科为主；职业类型主要集中在政府机关管理者、企事业管理者、专业技术人员、私营企业主、商业、服务业人员等，其中私营企业主是广州市中产阶层的主要构成。生活方式方面，中产阶层关注话题与其职业类型具有相关性；不同户籍性质下，广州市户籍的中产阶层表现出较强的社区归属感，非广州市户籍则大多没有什么归属感；休闲娱乐方式主要是常规运动和健身等；投资方式主要集中在证券投资，国家住房政策对于投资房地产有一定程度的影响，而这种影响对象主要是政府机关管理者；社会阶层认同方面，大多一致认为中产阶层具有较高的经济收入水平、较高的社会地位、较高的文化素养，其本质是优质生活方式的倡导者，国家政策的支持者及国家社会稳定的中坚力量。

3　宏观层面：广州市中产阶层聚居区空间分布及演变

转型期广州市中产阶层空间分布演变规律是本书拟解决的主要问题之一。第 2 章对广州市中产阶层显现时间推断结果大概是在 1999 年，故本书以 2000 年为起始年份，在对 2000～2010 年广州市社区划分的基础上，总结广州市中产阶层聚居区空间分布演变规律。所谓中产阶层聚居区（middle-class residential zone），又称中产阶层住宅区，是一种类型的社区，具体而言是指中产阶层群体空间聚居相对集中的区域，该区域内的中产阶层大都有着相似的社会特征、生活方式及社会地位。反映在空间上，中产阶层聚居区是由数个社区构成，其自身的区域范围界限往往以社区物理界限为标准，但其与其他社会阶层聚居区并没有一个明晰的区域分界线。

3.1　指标体系与研究方法

3.1.1　指标体系

科学合理的指标体系构建是正确划分社区的前提。对于一般社区评价指标体系的构建，大多数学者在人口普查数据库中选择一般统计指标、年龄与婚姻状况、民族与户籍特征等变量构建庞大的数据库。有别于以往社区评价指标体系，本书从社会阶层的角度出发，强调以韦伯社会分层理论和陆学艺社会阶层划分标准为理论基础构建社区的评价指标体系。韦伯的社会分层理论划分标准主要是从财富、权力和声望三方面考虑。财富的直接外在表现就是个人或群体的金钱获取量。在市场分配过程中，政党权力大小直接关系着他们获得社会资源的多少。不同职业等级反映了不同权力大小，而家庭住房质量、受教育程度可以视为权力下获得社会资源的直接体现。陆学艺以职业类型为基础，以经济资源、组织资源和文化资源占有情况为标准将中国社会阶层划分为十大类型[21]。因广州市历次人口普查均未包含居民工资收入水平等社会经济数据，考虑家庭住房情况与经济收入水平呈正相关，故本书采用人口普查中家庭住房的数据指标来表征不同社会阶层的经济资源状况。

研究尺度上，已有城市社会空间研究单元大多以街道尺度为主，也有少数社区居委会尺度的研究[157]。关于城市社会空间研究尺度究竟是以街道为单位还是以社区为单位，学者对此进行了讨论并取得一致性的认识：①空间分异尺度本身是一个相对的概念，不同空间尺度之间不具有可比性，判断社会空间分异程度的变化应基于同一尺度不同时间节点的对比；②以街道为基本空间单元是当前研究社会空间较为容易实现的研究尺度[158]，原因主要是街道尺度层面的数据具有较高的可获得性及可操作性。鉴于此，本书同样以街道为研究单位，以职业分类为基础，构建了能够表征社会阶层组织资源、经济资源和文化资源三种资源的职业、行业、家庭住房、受教育程度四大变量类型的指标体系，其中表征组织资源的职业变量主要包括国家机关、党群组织、企业、事业单位负责人、专业技术人员、办事人员和有关人员、商业、服务业人员、农、林、牧、渔、水利业生产人员、生产、运输设备操作人员及有关人员、不便分其他劳动者；行业变量主要包括农、林、牧、渔业、制造业、建筑业、金融业、教育、批发和零售业、住宿和餐饮业、交通运输、仓储和邮政业、房地产业等行业人员及不在业；表征经济资源的住房条件变量主要包括购房费用、租房费用、住房面积、住房来源、住房年代等；表征文化资源的受教育程度变量主要包括不同受教育程度的从业人员及教育人口，此外还有表征社会群体特征的家庭结构和年龄结构变量（表 3-1）。

表 3-1 2000 年、2010 年广州市社区评价指标体系

变量类型	2000 年社区研究		2010 年社区研究	
	变量指标	数目	变量指标	数目
基本情况	家庭结构	5	家庭结构	5
	年龄结构	3	年龄结构	3
组织资源	职业结构	7	职业结构	7
	行业结构	16	行业结构	16
	在业情况	7	在业情况	7
经济资源	租房费用	9	租房费用	9
	购房费用	9	不同年代住房面积	7
	不同年代住房面积	6	人均住房面积	8
	人均住房面积	8	住房来源	7
	住房来源	7		
文化资源	教育人口	8	教育人口	8
			受教育程度的从业人员	7
总计		85		84

3.1.2 研究方法

国外对城市社区划分方法主要包括形态划分法、自然区划分法、多因子生态分析法等[159]。其中，形态划分法侧重从实际土地形态的功能出发，用聚类分析法进一步将调查区划分为土地利用功能区或社会居住区，该方法强调土地利用类型，而忽略了社会因素。自然区划分法是以芝加哥学派帕克为代表的城市社会学家创立的，强调从自然区分类，即以土地利用为主的城市物质与以民族、种族生活方式为主的文化特征相似的居住区域，该方法更多的是一种定性描述，同形态划分法一样都忽略了社会因素在社区的作用。多因子生态分析法是20世纪40～50年代谢福凯和贝尔等对北美城市研究时提出的，该方法主要是采用人口普查数据中选取表征社会群体特征的分类指标，通过聚类分析或其他数学分析量化各类指标在社区形成中的重要程度并加以定性描述，最后将各类因子转化成多变量空间单元分类图。多因子生态分析法逐渐成为目前研究城市社会空间结构较为有效的手段和成熟的方法。它可以清晰明了地反映众多变量之间的关系，通过提取影响社会区类型划分的主因子，根据因子得分进行社区类型的划分，并通过 GIS 将各空间单元的数据属性予以空间可视化的表达。在进行不同城市居住空间结构时，多因子生态分析技术略有差别，主要体现在指标变量的选取与统计方法的确定上。不同职业背景、文化取向、收入状况等社会属性相近的人趋于同类相聚，不同社区群体对于空间资源、经济资源、住房资源、教育资源等城市资源占有不同，宏观上表现出不同的居住空间分异，这是人类社会发展的普遍规律[160]。因早期的社区研究主要是从社会经济地位、家庭和种族三大要素的关键变量开始，缺乏一个理论基础来证明这些变量的合理性，后来的学者通过建立多变量分类方案，使得这些缺陷得以克服。

多因子生态分析法的运行大多采用统计分析软件 SPSS，首先对原始指标体系下的变量矩阵进行降维，除去信息含量较少的变量，然后对新的变量矩阵进行因子分析，提取影响社区划分的主要作用因子，采用系统聚类法对各主因子得分进行聚类分析，最后得到社区类型。

3.2 2000～2010 年广州市城市社会空间结构

3.2.1 2000 年广州市城市社会空间结构

1. 主因子分析

（1）第一主因子：高等教育与专业技术人员

第一主因子的特征值为22.124，方差贡献率达30.307%，主要反映了43个变量的信息，其中与28个变量呈正相关，与15个变量呈负相关。在教育人口方面，该因子与“专科、本科和研究生教育程度的人口”呈现强相关，三者的负荷分别为0.900、0.687和0.526；而该因子与“小学人口、初中人口”呈较强负相关，反映了该因子与高等教育文化程度相关联。在职业、行业结构上，该因子与“专业技术人员、教育、科学研究和技术服务业、金融业”呈较强正相关，说明该因子与专业技术人员相关联。在不在业人员上，该因子与“在校学生、离退休人员”呈正相关。在住房来源方面，该因子主要与“购买原公有住房、租用公有住房、购买商品房”呈正相关；在租房费用和购房费用方面，该因子与“20万～<30万元、30万～<50万元及50万元以上、月租房费用1000元以上”呈正相关。综合以上分析，该因子为“高等教育与专业技术人员”。

从该因子的空间分布来看（图3-1）：①得分等级第一（>1.69）的街道主要集

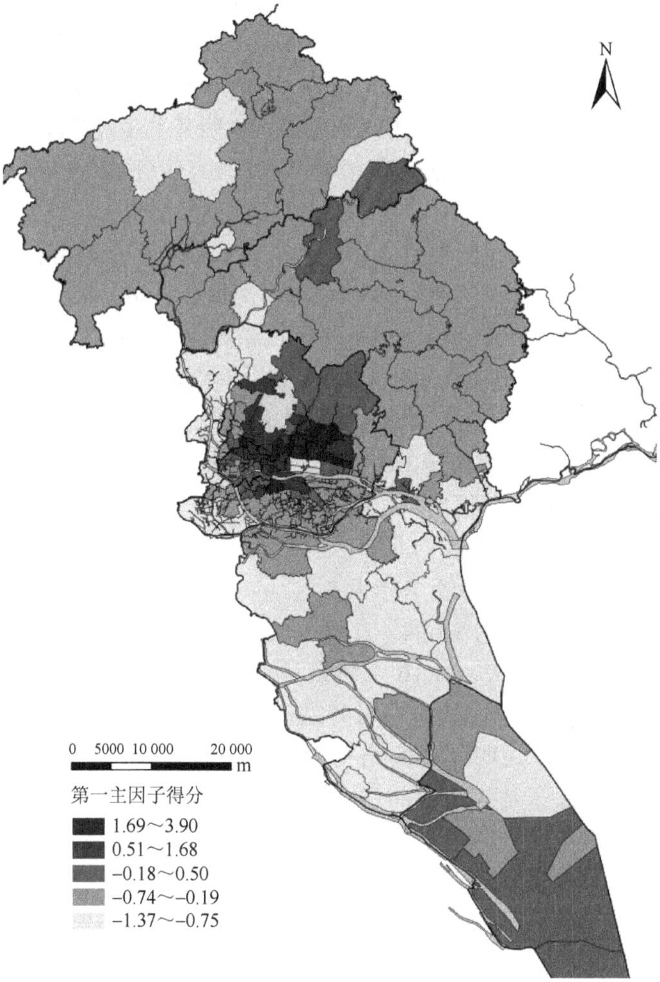

图3-1 第一主因子得分空间分布图（2000年）

中在中心城区的五山街、新港街、石牌街、农林街及黄花岗街等 9 个街道，其中天河区的五山街得分值最高（3.90），海珠区的新港街（3.52）次之，这两个街道是广州市高等院校、科研院所最为集中的街道，集聚了大量从事教育的知识分子和在校学生，以及从事金融业、房地产业的白领群体。高等院校、科研院所的密集带动了周边街区主要群体的同质化；②得分等级第二（＞0.51）的街道主要集中在中心城区华乐街、建设街、东湖街、沙面街、白云街等 20 个街道，其中这 20 个街道中 50%的街道主要在越秀区，这些街区是广东省、广州市政府机关、事业单位密集区，国家机关、党群组织、企业、事业单位负责人、办事人员和有关人员比例大，住房多以公有住房为主。

（2）第二主因子：中等教育与租赁和商业服务业

该因子特征值为 13.374，方差贡献率为 18.321%，反映了 38 个变量的信息，其中与 24 个变量呈正相关，与 14 个变量呈负相关。职业结构上，该因子与从事“批发和零售业、租赁和商业服务业、居民服务、修理和其他服务业”呈较强正相关，同时与“金融业、政府机关管理者”呈正相关，说明其主要人群较为混杂，但仍以商业服务业为主。在住房来源上，该因子以“租用公有住房”（0.758）为主，住房建筑年代大多是 1949 年以前和 20 世纪 50～60 年代的住房为主。在受教育程度上，该因子与“高中教育人口比例”呈正相关，说明该群体文化教育程度中等，受教育程度不高。在不在业人员方面，该因子与“离退休人员（0.701）”呈正相关。综合以上分析，该因子称为“中等教育与租赁和商业服务业”。

从该因子空间分布情况来看（图 3-2），呈现以下特征：①得分等级第一（＞1.44）的区域集中在老城区的岭南街、华林街、人民街、北京街、多宝街、昌华街等 14 个街道，这些区域是广州传统的商业区，集聚了大量从事批发和零售业等低端服务业的私营企业主和个体工商户；②得分等级第二的区域集中在老城区及其外围区域的 23 个街道，即海珠区的北部、荔湾区和越秀区。

（3）第三主因子：中等教育与产业工人

第三主因子的特征值为 9.094，方差贡献率为 12.457%，反映了 26 个变量，其中与 19 个变量呈正相关，与 16 个变量呈负相关。该因子与“一代户家庭户、中专人口、15～59 岁人口比例、租用商品房、购买原公有住房、租赁和商业服务业”呈较强正相关，说明其家庭结构为典型的核心家庭，受教育程度以中等教育为主。住房来源多是租用商品房和原有公有住房。在职业结构上，该因子与“租赁和商业服务业、建筑业、居民服务、修理和其他服务业”呈正相关，说明其主要为从事建筑业的蓝领阶层。综合以上分析，该因子为“中等教育与产业工人”。

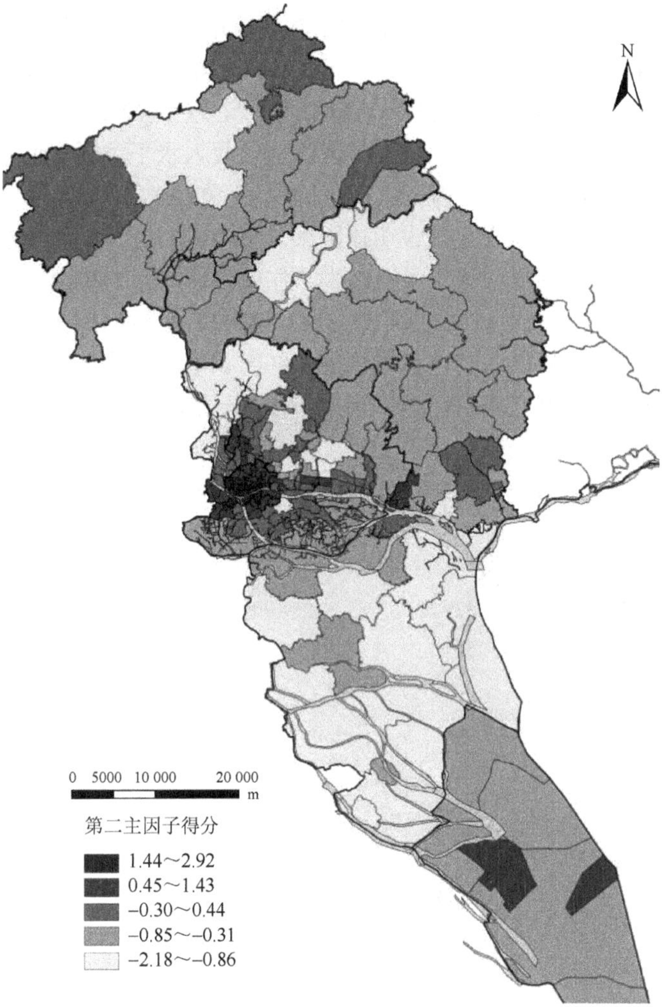

图 3-2　第二主因子得分空间分布图（2000 年）

从该因子得分空间分布来看（图 3-3），呈现如下特征：①得分等级第一（>0.92）的区域主要集中在中心城区与郊区过渡区的石井镇、新市镇、东圃镇、流花街等 17 个街道，其中黄埔区的夏港街道得分值第一，为 2.56，第二是黄埔区的红山街、南岗镇、长洲街，这些地区是广州市经济技术开发区，反映了黄埔区正处于基础设施建设快速发展阶段；②得分等级第二（>0.24）的区域主要集中在中心城区，反映了中心城区是广州市快速发展建设的地区，集聚大量从事建筑业的工人。

（4）第四主因子：初等教育与住房条件

第四主因子的特征值为 3.925，方差贡献率为 5.377%，主要反映 17 个变量的信息，其中与 13 个变量呈正相关。该因子与住房年代、购房费用、家庭户类型呈较强正相关。在住房条件上，该因子与“1980～1990 年、1970～1979 年建筑面积比例”呈较强正相关。在经济水平上，该因子与“1 万～<2 万元、2 万～<3 万元的购房费用家庭户”呈正相关，说明该因子与低收入水平关联。在家庭结构上，多以二代户、三代户及四代户为主，家庭规模大。在受教育程度上，文化水平低，以小学人口、扫盲班人口为主，说明该因子几乎不占有任何文化资源。不在业人员比例高。综合以上分析，该因子命名为“住房条件与家庭结构”。

从该因子得分的空间分布来看（图 3-4），得分等级最高的区域主要集中在花侨镇、榄核镇等近远郊区，其中越秀区的农林街、华乐街等老城区外围街道得分值较高，说明该地区家庭户结构规模较大，存在一定程度的老龄化现象。

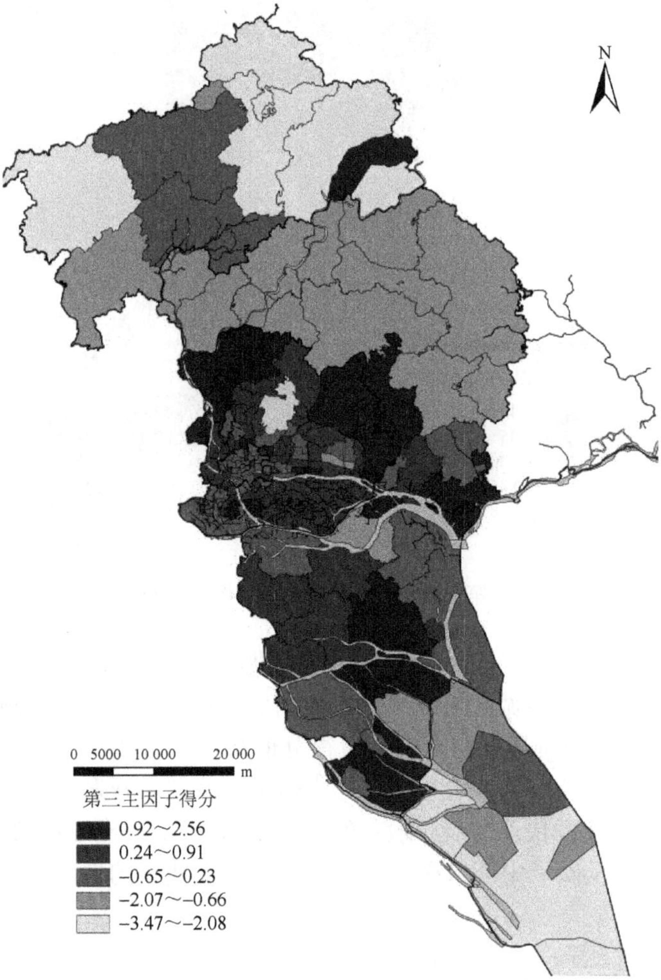

图 3-3　第三主因子得分空间分布图（2000 年）

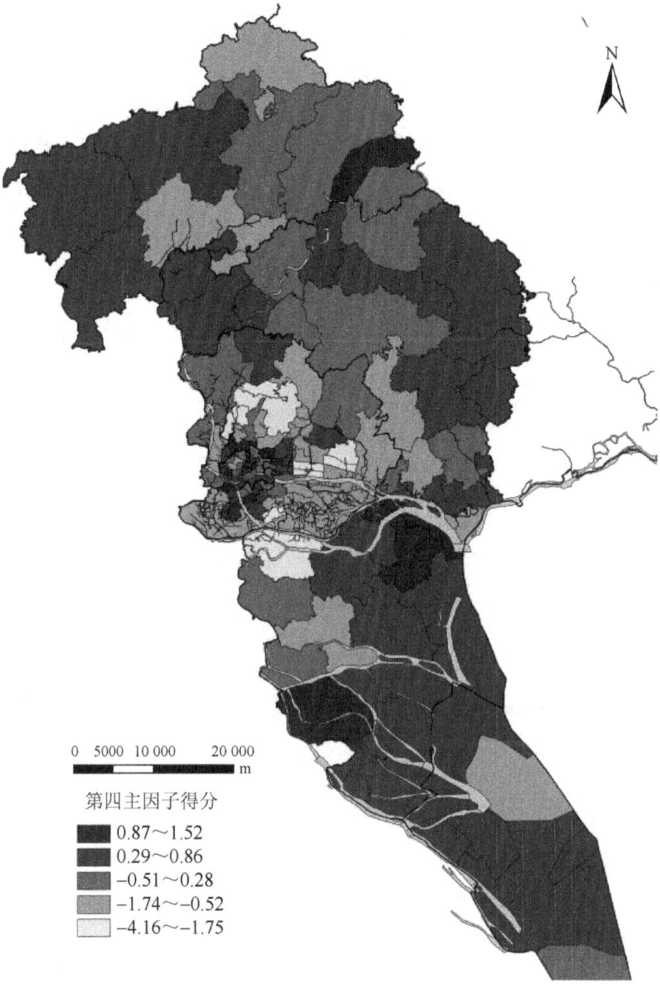

图 3-4 第四主因子得分空间分布图（2000 年）

2. 中产阶层聚居区空间分布

以 2000 年所得到的 4 个主因子在各街道单元的得分作为基本数据矩阵，运用聚类分析方法对广州市社区类型进行划分进而得到不同类型社区的空间分布特征。经过树状聚类图反复计算比较，判断 2000 年广州市社区可以分为五类较为合适（图 3-5）。计算各类社区在各个主因子成分间平方和均值及均值判断社会分区的主导特征，进而总结 2000 年广州市社区的类型（表 3-2）。

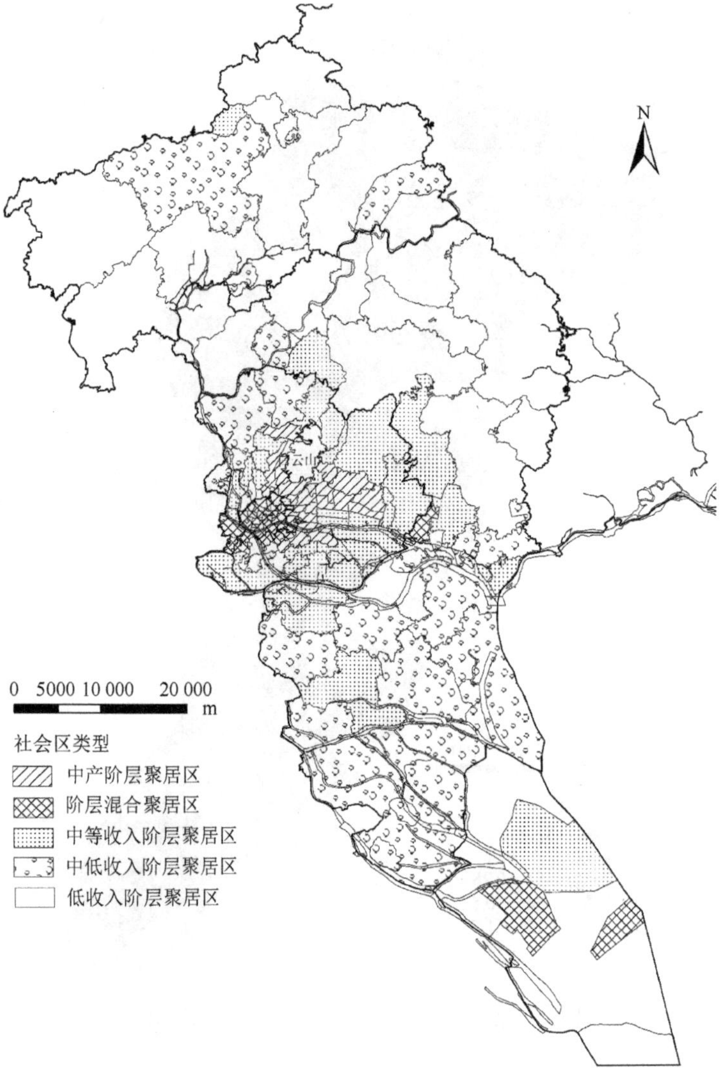

图 3-5　2000 年广州市社区类型

表 3-2　2000 年广州市社区类型特征判别

聚类	街道数/个	项目	第一主因子	第二主因子	第三主因子	第四主因子
1	27	平方和均值	0.228	**2.819**	0.167	**0.344**
		均值	−0.005	**1.552**	−0.019	0.245
2	29	平方和均值	**0.762**	**0.798**	**0.840**	0.647
		均值	−0.77	−0.571	0.674	0.704
3	27	平方和均值	**3.219**	0.551	**1.127**	**1.565**
		均值	1.541	−0.388	0.248	−0.235

续表

聚类	街道数/个	项目	第一主因子	第二主因子	第三主因子	第四主因子
4	26	平方和均值	0.185	**0.429**	**3.072**	0.302
		均值	–0.227	–0.464	–1.518	0.366
5	23	平方和均值	0.479	**0.648**	0.445	**2.298**
		均值	–0.576	–0.123	0.598	–1.132

（1）阶层混合聚居区

该聚居区在第二、第四主因子表现较为突出，平方和均值分别为 2.819、0.344，反映了该聚居区拥有一定量的经济资源和文化资源。该聚居区空间分布较为集中，主要集中在昌华街、沙面街、茶滘街、逢源街、金花街、诗书街、北京街、大塘街等老城区 24 个街道，还有番禺的珠江管理街和黄埔的鱼珠街。这些老城区街道主要是广州市传统的商贸服务区，聚居了大量从事批发和零售业的低端服务群体，如个体工商户、私营企业主，可以算是广州市传统中产阶层聚居的地区，同时，老城区完善的生活设施，同时又吸引着其他社会阶层的人群聚居于此，故可以视为各类阶层混合聚居区。

（2）中低收入阶层聚居区

该聚居区在第二、第三主因子表现较为突出，平方和均值分别为 0.798 和 0.840，反映了该聚居区文化教育程度以中等教育为主，职业类型主要是从事建筑业的产业工人。空间分布上，该聚居区主要集中在近远郊区 29 个街镇，其中以近郊区尤其是番禺区为主要集中地。

（3）中产阶层聚居区

该聚居区在第一、第三、第四主因子表现较为突出，说明该聚居区占有大量的文化资源和组织资源，是权力、财富和声望集中的地区。空间分布主要集中在老城区外围，中心城区的核心部分。农林街、华乐街、梅花村街、黄花岗街等街道是广东省和广州市政府机关和事业单位密集区，周边同时分布了早期的公有住房，聚居了大量国家机关、党群组织、企业、事业单位负责人。天河区的五山街、石牌街和海珠区的新港街、赤岗街是广州市高等院校、科研院所的密集区，聚居了大量以知识分子为主体的从事脑力劳动的专业技术人员，他们具有一定的创造力，是中产阶层的核心群体。

（4）低收入阶层聚居区

该聚居区在第三、第四主因子较为突出，说明该聚居区内多以从事农、林、牧、渔业为主。该区空间分布主要集中在近远郊区的 26 个街镇，尤其是白云区北部、花都区及番禺区的南部。

（5）中等收入阶层聚居区

该聚居区在第二、第四主因子表现较为突出，说明该聚居区内中等教育水平的群体居多，大多从事租赁和商业服务业，住房条件一般，可视为中等收入阶层聚居区。该区空间分布主要集中在中心城区与近郊区过渡地区，涵盖了23个街道。

此外，在这里需要说明的是，本书得出的广州市社区中没有出现高收入阶层聚居区，但并不代表广州市不存在高收入阶层聚居区，而是在实际的城市空间结构中，高收入阶层聚居尚未呈现大片的空间集聚特征，大多数是零散地分布在其他社会阶层聚居区内，呈现小范围的空间聚居。本书所提的中产阶层聚居区也包含了一部分高收入阶层聚居的区域，比如越秀区的二沙岛是广州市典型的高收入阶层聚居区，在本书的数据中被纳入中产阶层聚居区。

3.2.2　2010年广州市城市社会空间结构

1. 主因子分析

（1）第一主因子：高等教育与高端服务业

第一主因子的特征值为18.631，方差贡献率为23.002%，与51个变量相关，其中与34个变量呈正相关。在受教育程度上，该因子与“本科教育程度就业人口比例、专科教育程度就业人口比例、研究生教育程度就业人口比例、6岁以上研究生教育人口比例”等呈较强正相关，表明该因子与高等教育水平强相关。在行业结构上，该因子与“专业技术人员、信息传输、软件和信息技术服务业、金融业、科学研究和技术服务业”等呈较强正相关，表明该因子与技术型、知识密集型行业呈强相关。在职业结构上，该因子与“办事人员和有关人员、国家机关、党群组织、企业、事业单位负责人”呈正相关。在租房费用上，该因子与“2001～3000元、1500～2000元租房费用家庭户比例”呈正相关，反映住房条件较好或者是该居住区地理区位较好。综合以上分析，第一主因子为“高等教育与高端服务业”。

从该因子得分的空间分布来看（图3-6），呈现如下特征：①得分等级第一（＞1.47）的街区主要集中在中心城区五山街、天园街、新港街、猎德街、梅花村街、农林街、黄花岗、赤岗街、林和街、天河南街、华乐街、建设街12个街道，其中五山街分值最高（3.48），其次是天园街、新港街，这些街道集中分布广州市高等院校和科研院所，知识密集型产业多，集中了广州市丰富的文化资源，以专业技术型职业为主；②得分等级第二（0.43～1.46）的街区主要集中分布在得分等级第一的街道的东部、西部和南部等33个街区。整体上，第一主因子得分空间分布呈现以中心城区为圆点，逐渐向外降低的圈层结构。

（2）第二主因子：老年人口与低水平住房条件

第二主因子的特征值为11.793，方差贡献率为14.559%，与37个变量相关，其中与25个变量呈正相关。家庭结构上，该因子与“60岁及以上人口比例、老年抚养比例、三代户家庭比例”呈较强正相关，反映了该因子年龄结构以老年人口为主。

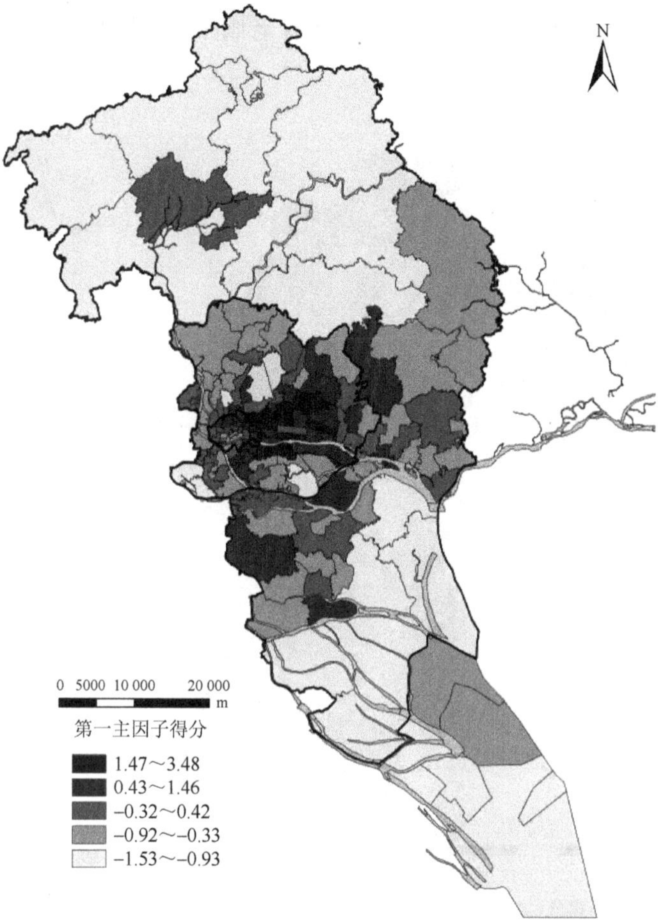

图 3-6 第一主因子得分空间分布图（2010 年）

住房条件上，该因子与“1949～1989 年间的建筑面积比例”呈正相关，尤其是与“1980～1989 年、1970～1979 年、1960～1969 年的住房”呈较强正相关，且租房费用较低，以“100 元以下”为主，住房来源主要是购买“公有住房”，表明该因子住房年代久远，居住条件较差。在职业、行业结构上，该因子与“卫生和社会工作、办事人员和有关人员”等呈正相关。在不在业人员上，该因子与“因单位原因失去工作”呈正相关。综合以上分析，第二主因子为“老年人口与低水平住房条件”。

从该因子得分的空间分布来看（图 3-7），呈现如下特征：①得分等级第一（＞0.84）的街道主要集中在老城区的华林街、西村街、海幢街、东风街、洪桥街、多宝街、彩虹街及远郊区的炭步镇、万顷沙镇等 39 个街道，其中荔湾区的华林街、西村街和海珠区的海幢街得分值最高，均为 1.28，南沙区的万顷沙镇次之。②得分等级第二（0.17～0.83）的街道主要集中在老城区外围和近远郊区内，共 26 个街道。

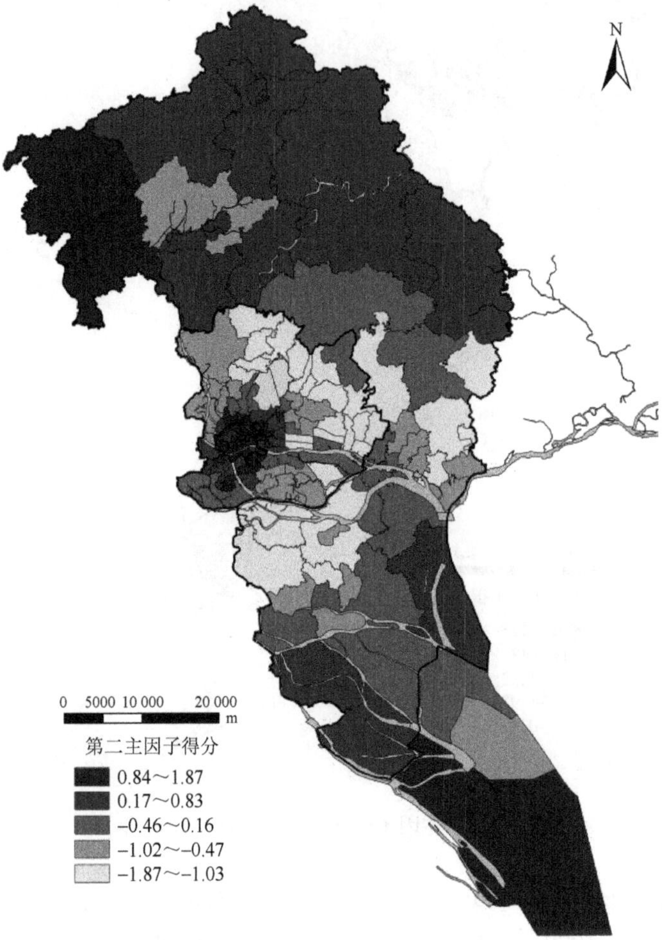

图 3-7　第二主因子得分空间分布图（2010 年）

（3）第三主因子：初等教育与农、林、牧、渔业

第三主因子的特征值为 11.551，方差贡献率为 14.261，反映了 34 个变量的信息，其中与 16 个变量正相关。该因子与住房条件、住房来源、家庭结构及教育水平呈较强正相关。其中住房条件上，该因子与“50～59m^2 人均住房建筑面积、70m^2 及以上人均住房建筑面积比例”呈较强正相关。在住房来源上，该因子主要表现为“自建住房”。在受教育程度方面，该因子与“小学教育程度就业人口比例、6 岁以上受小学教育人口比例、未上过学人口比例”呈正相关，表明该因子与初等教育相关联。在职业、行

业结构方面，该因子与“农、林、牧、渔、水利业生产人员、农、林、牧、渔业”呈强正相关。综合以上分析，第三主因子为“初等教育与农、林、牧、渔业”。

从该因子得分的空间分布来看（图 3-8），呈现如下特征：①得分等级第一（＞1.54）的街道空间主要集中在近远郊区的 14 个街镇，其中花都区的赤坭镇得分值最高（2.53），花山镇（2.37）次之，这些街镇由于远离市中心，经济发展水平相对较弱，从业人口大多以农、林、牧、渔、水利业生产人员为主，文化教育程度不高；②得分等级第二（0.68～1.53）的街道主要集中在近郊区 23 个街镇。

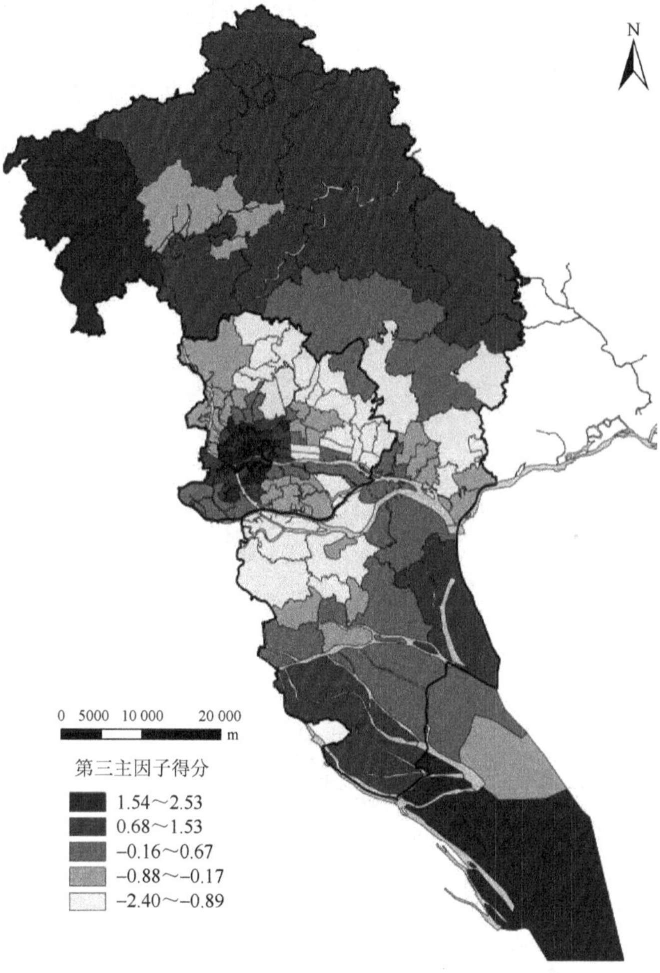

图 3-8　第三主因子得分空间分布图（2010 年）

（4）第四主因子：住房条件与初等教育

第四主因子特征值为 5.230，方差贡献率为 6.457%，反映了 18 个变量的信息，其中与 10 个变量正相关。在家庭结构上，该因子与“有配偶、子女抚养比例、0～14 岁人口比例”呈正相关，说明该因子与核心家庭类型相关联。在住房条件上，与“购买商品房、二手房、3000元以上租房费用”呈正相关，说明其与高经济收入家庭相关联。在行业结构上，与“建筑业、交通运输、仓储和邮政业、居民服务、修理和其他服务业”呈正相关，说明其与以城市建设相关的建筑业等生产性服务业相关联。在受教育程度上，该因子与“6岁以上受小学教育人口比例、专科教育程度就业人口比例”呈正相关，说明该因子与中初等教育人员相关联。综合以上分析，该因子为“中等教育与建筑业从业者”。

从该因子得分空间分布来看（图3-9），呈现以下特征：①得分等级第一（>0.96）的街道空间分布比较分散，并没有呈现集中分布特征，但仍主要集中在近远郊区等12个街镇；②得分等级第二（0.16～0.95）的主要集中在老城区、中心城区及远郊区等46个街镇。

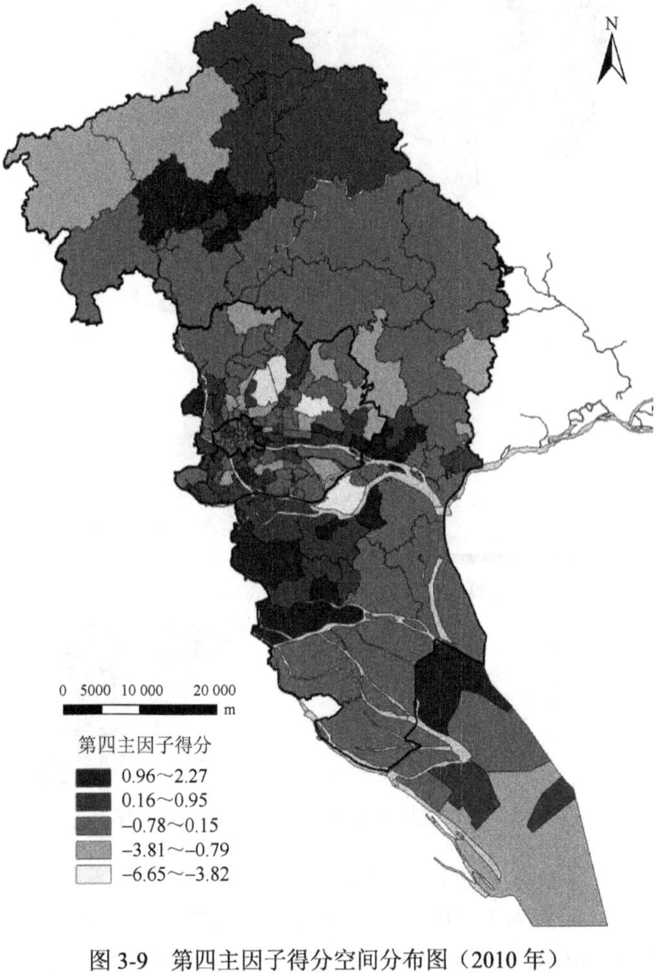

图3-9　第四主因子得分空间分布图（2010年）

（5）第五主因子：低端服务业与离退休人员

第五主因子的特征值为4.615，方差贡献率为5.698%，反映了15个变量的信息，其中与职业结构、行业结构、租房费用、住房年代等9个变量呈正相关。职业、行业结构方面，该因子与“租赁和商业服务业、批发和零售业、住宿和餐饮业、居民服务、修理和其他业、房地产业”呈正相关，反映了该因子与低端服务业相关联。在住房年代上，该因子与“1949年前建筑面积比例、1949～1959年建筑面积比例、1960～1969年建筑面积比例”呈正相关，说明该街区发展时序较早，主要是建于改革开放初或建于计划经济时代的老房子。在不在业人员方面，该因子与“离退休人员比例”呈正相关。在住房来源方面，该因子主要与“购买二手房”为主。综合以上分析，该因子为“低端服务业与离退休人员”。

从该因子得分空间分布来看（图3-10），呈现如下特征：①得分等级第一

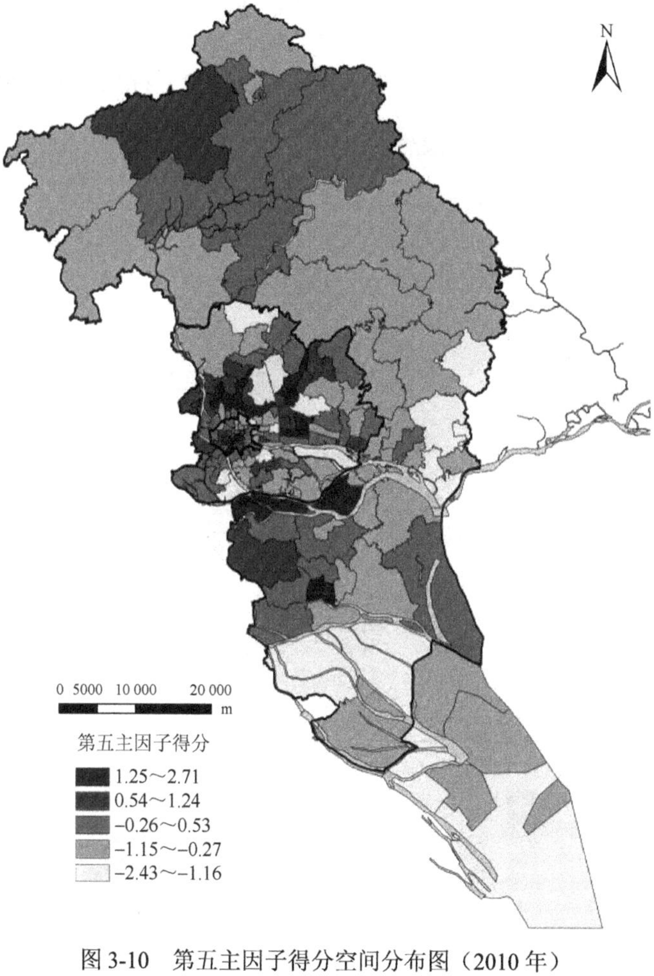

图3-10　第五主因子得分空间分布图（2010年）

（>1.25）的街区主要集中分布在老城区的华林街、岭南街、人民街、大新街及中心城区的冼村街、三元里街、兴华街、南华西街等 16 个街道，其中，番禺区洛浦街得分最高（2.71），小谷围街次之，老城区的传统商业区即西关商贸区，集聚了大量传统从事低端商业服务业人员；②得分等级第二（0.54～1.24）的街区呈零星分布状态，分散在老城区及中心城区等 20 个街道。

（6）第六主因子：低端服务业与一般工薪人员

第六主因子的特征值为 3.747，方差贡献率为 4.626%，反映了 18 个变量的信息，其中与住房年代、人均住房面积、租房费用等 8 个变量呈正相关。在住房条件方面，该因子与“17～19m^2、20～29m^2、30～39m^2 人均住房住房面积比例，租房费用 501～1000 元、1001～1500 元家庭比例”呈正相关。在职业、行业结构方面，该因子与从事“交通运输、仓储和邮政业”呈正相关，反映了该因子与城市低端服务业相关联。在住房来源方面，该因子与“购买二手房、购买原公有住房”等呈正相关。综合以上分析，该因子为“低端服务业与一般工薪人员”。

从该因子得分空间分布来看（图 3-11），呈现如下特征：①得分等级最高的

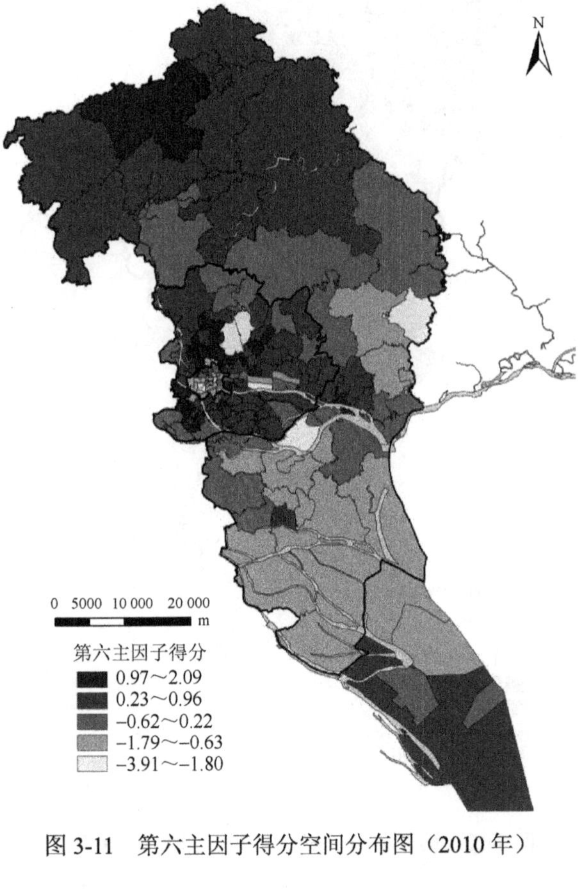

图 3-11　第六主因子得分空间分布图（2010 年）

（>0.97）街区主要集中分布在老城区的东濠街、石围塘和站前街。其中，东濠街得分最高（1.05），石围塘街（1.02）次之；②得分等级第二（0.23～0.96）的街区空间分布较均匀，没有呈现明显的空间集聚态势。

2. 中产阶层聚居区空间分布特征

以2010年所得到的5个主因子在各街道单元的得分作为基本数据矩阵，运用聚类分析方法对广州市社区类型进行划分。经过树状聚类图反复计算比较，判断2010年广州市社区可以分为5类较为合适。继而，计算各类社区在各个主因子成分间的相关系数及相关系数平方和和均值判断社会分区的主导特征，进而总结该社区的类型。

为了兼顾组间差异和组内相似性特征，本书经过各种方法的比较验证，最终确定采取组间连接的聚类方法和Pearson相关性的度量标准进行5～7类聚类情况的比较，最终将2010年广州市社区类型确定为5类，各类社区在6个主因子上的平方和均值和均值构成特征判别表（表3-3）。

表3-3 2010年广州市社区类型特征判别

聚类	街道数/个	项目	第一主因子	第二主因子	第三主因子	第四主因子	第五主因子	第六主因子
1	22	平方和均值	0.322	1.587	0.636	0.113	0.882	1.804
		均值	0.070	1.220	−0.750	0.044	0.699	−1.142
2	39	平方和均值	1.499	0.968	0.770	0.913	1.133	0.625
		均值	0.648	0.341	−0.510	−0.058	−0.754	0.360
3	41	平方和均值	0.586	1.017	0.581	1.787	1.042	0.932
		均值	0.028	−0.814	−0.277	−0.320	0.587	0.646
4	26	平方和均值	0.272	0.525	2.156	0.285	0.816	0.444
		均值	−1.098	0.393	1.228	−0.216	−0.595	0.100
5	20	平方和均值	1.217	0.950	1.156	1.411	0.973	1.661
		均值	0.029	−0.850	0.791	1.003	0.270	−0.900

（1）阶层混合聚居区

该聚居区在第六、第二主因子上较为突出，平方和均值分别为1.804、1.587，且均为正值，反映该聚居区内以私营企业主、个体工商户、离退休人员为主。该聚居区空间分布主要集中分布在沙面街、岭南街、华林街、多宝街等街道。这些街道是广州市传统的商贸服务中心，城市发展较早，长期以来积累了大量的经济财富，生活设施配套齐全，吸引各类阶层人员聚居于此。

（2）中产阶层聚居区

该聚居区在第一、第五主因子上较为突出，平方和均值分别为 1.499 和 1.133。反映了该聚居区内拥有大量的组织资源、经济资源和文化资源，是权力、财富和声望的高度混合。该聚居区空间分布主要集中在农林街、梅花村街、建设街、华乐街、黄花岗街、新港街、五山街等 39 个街道，这些街道是广东省政府机构、广州市政府机关和事业单位、商务办公楼、高等院校及科研院所的密集地区。该群体不仅拥有大量的组织资源，而且拥有丰富的文化资源，故该区域为国家机关、党群组织、企业、事业单位负责人和专业技术人员为主的中产阶层聚居区。

（3）中等收入阶层聚居区

该聚居区在第二、第四、第五主因子较为突出，平方和均值分别为 1.017、1.787 和 1.042，反映了该聚居区内拥有一定量的文化资源和一般经济资源及组织资源。该聚居区空间分布主要集中在中产阶层聚居区外围，中心城区的官洲、前进街、江海街、林和街、新塘街、元岗街、龙洞街等 41 个街道，故该区域为中等收入阶层聚居区。

（4）低收入阶层聚居区

该聚居区在第三主因子上比较突出，平方和均值为 2.156。该聚居区住房多以 70 年代住房为主，初等教育水平，不在业人口比例高，从事农、林、牧、渔业为主。这说明该聚居区人员无论是经济资源，还是文化资源、组织资源都是最低的。空间分布上主要集中在近远郊区。

（5）中低收入阶层聚居区

该聚居区在第六、第四、第三、第一主因子上比较突出，平方和均值分别为 1.661、1.411、1.217 和 1.156。该聚居区内住房多以购买商品房、二手房，受教育程度以高等教育为主，租房费用 3000 元以上的家庭比例大，主要是从事建筑业、房地产业人口。这表明该聚居区聚居了大量从事建筑、房地产业人员，该群体是占据较高收益的行业，与中产阶层聚居区相类似，都拥有丰富的文化资源，但在经济资源上大过中产阶层。该聚居区集中分布在中心城区与近郊区的过渡地段，包括新造镇、钟村镇、金沙街等 20 个街道。这些街道是广州市城市拓展和房地产业发展势头强劲的地区（图 3-12）。

3.2.3　广州市城市社会空间结构模型

根据广州市 2000 年和 2010 年社区类型变化，广州市社会空间结构呈现类似西方国家的同心圆模型（图 3-13）。老城区为阶层混合聚居区，以老城区为核心，由中心城区向外围区依次集中分布中产阶层聚居区、中等收入阶层聚居区、中低收入阶层聚居区和低收入阶层聚居区。

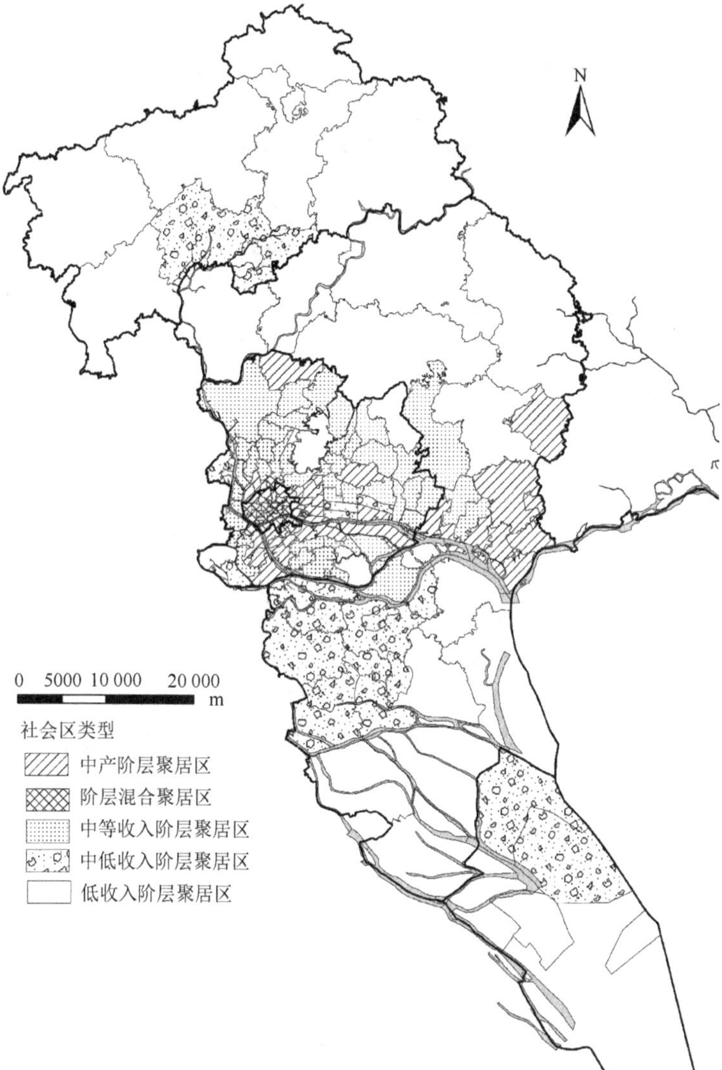

图 3-12　2010 年广州市社区类型

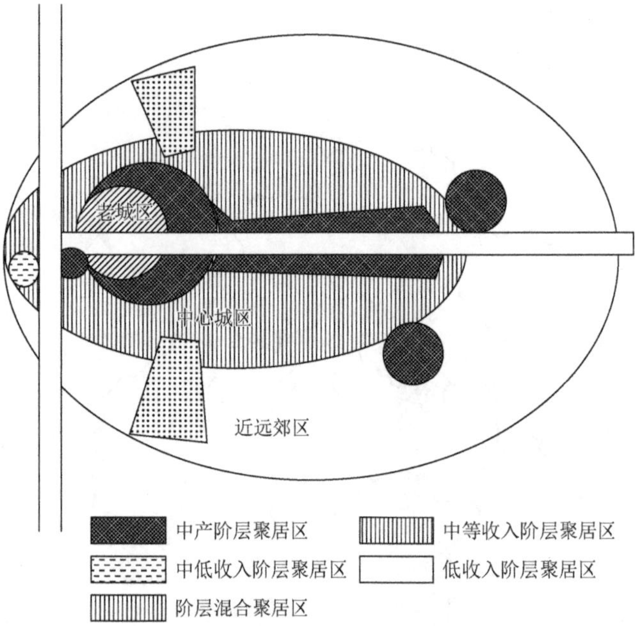

图 3-13　广州市社会阶层空间结构模型

老城区尽管历史年代比较悠久，但其繁荣的商业氛围、齐全的各类服务设施、便捷的交通等仍吸引不同阶层群体聚居于此。同时，旧城更新下的新社区、新楼盘对原有居民起到一定的过滤作用，低收入阶层因无法承受中心城区高昂的生活成本而主动或被动地迁至郊区。中高收入阶层凭借较强的经济实力占据城市中心区，导致中高收入阶层逐渐取代低收入阶层。这与西方国家是极不相同的，西方国家同心圆模型是由于低收入的社会阶层不断向外围扩展，迫使高收入社会阶层向更外围的地区迁移，进而形成城市内部社会空间的演替过程。

中产阶层聚居区呈环状和带状集中分布在老城区外围及珠江沿岸的中心城区，部分零星分布在城市的外围郊区；中等收入阶层呈环状集中分布在老城区和中产阶层聚居区外围；中低收入阶层聚居区呈楔状集中分布在中心城区与郊区交接处；低收入阶层集中分布在城市的近远郊区。

3.2.4　中产阶层聚居区整体社会特征

1. 职业类型以国家机关、党群组织、企业、事业单位负责人、专业技术人员、办事人员和有关人员为主

正如前文所述，区位熵能较好地反映某一因素在区域空间上的集中程度与分散程度，故这里仍采用区位熵的方法对各类型社区不同职业的空间集中度进行测度。

从表 3-4 可以看出，中产阶层聚居区内国家机关、党群组织、企业、事业单位负责人、专业技术人员、办事人员和有关人员区位熵值均大于 1，表明这三类职业是该聚居区的主要职业类型，空间集中度较高。其中以高级知识分子为核心的专业技术人员的区位熵值最大为 1.49，反映了专业技术人员是中产阶层聚居区的核心群体。

表 3-4 2010 年中产聚居区与非中产聚居区职业区位熵比较

类型	国家机关、党群组织、企业、事业单位负责人	专业技术人员	办事人员和有关人员	商业、服务业人员	农、林、牧、渔、水利业生产人员	生产、运输设备操作人员及有关人员	不便分类的其他劳动者
中产阶层聚居区	1.97	1.49	1.44	0.94	0.10	0.87	0.16
阶层混合聚居区	0.67	1.41	1.54	1.52	0.03	0.39	0.00
中等收入阶层聚居区	1.11	0.98	0.96	1.26	0.12	0.90	0.29
中低收入阶层聚居区	0.72	1.04	0.91	0.86	0.55	1.10	0.36
低收入劳动阶层聚居区	0.36	0.40	0.55	0.59	4.03	1.39	3.83

数据来源：广州市 2010 年人口普查资料。

从不同职业人员在各社区内的集中程度来看，国家机关、党群组织、企业、事业单位负责人在中产阶层聚居区和中等收入阶层聚居区的区位熵值较大，分别为 1.97、1.11。专业技术人员在中产阶层的集中度最高，其次是社会阶层混合聚居区，为 1.41。商业、服务人员在混合阶层聚居区的集中度最高，其次是一般工薪阶层聚居区。农、林、牧、渔、水利业生产人员则主要密集分布在低收入阶层聚居区。国家机关、党群组织、企业、事业单位负责人位居最高或较高的地位等级，是整个社会阶层结构中的主导性阶层，是当前社会经济发展及市场化改革的主要推动者和组织者。

2. 国家机关、党群组织、企业、事业单位负责人在中产阶层聚居区内集聚程度最高

本书采用空间洛伦兹曲线对这三个职业群体空间集聚度进行模拟。

空间洛伦兹曲线主要是用来比较分析空间分布的集散程度，是研究地理要素离散区域分布的重要方法。在这里我们用来反映组织资源的空间集中度的情况。考虑到其他组织资源数据的不可获得性，本书选取国家机关、党群组织、企业、事业单位负责人、专业技术人员、办事人员和有关人员人数占总就业人数的比例作为衡量组织资源的主要指标。通过计算各职业人员占就业总人口比例的累积率来反映其在广州市社会空间分布情况。具体的计算步骤如下：

首先，计算 R 值，并按从大到小的顺序排列，R = 某职业人员在各社区的比

例÷该社区就业总人数占所有社区就业总人数的比例。然后，按照 *R* 值由大到小计算各职业人员的累积率（表 3-5～表 3-7）。横坐标表示总就业人员的累积率，纵坐标为各社区某职业人员累积率（图 3-14）。

表 3-5　2010 年中产聚居区与非中产聚居区国家机关、党群组织、企业、事业单位负责人累积率比较　（单位：%）

类型	*R* 值	国家机关、党群组织、企业、事业单位负责人	国家机关、党群组织、企业、事业单位负责人累积率	总就业人口	总就业人口累积率
中产阶层聚居区	0.97	39.48	88.49	20.91	73.23
中等收入阶层聚居区	1.11	20.22	49.01	35.59	52.32
中低收入阶层聚居区	1.72	28.79	28.79	16.73	16.73
混合阶层聚居区	0.67	3.89	92.39	5.85	79.08
低收入阶层聚居区	0.36	7.62	100.00	20.92	100.00

数据来源：广州市 2010 年人口普查资料。

表 3-6　2010 年中产聚居区与非中产聚居区专业技术人员累积率比较　（单位：%）

类型	*R* 值	专业技术人员	专业技术人员累积率	总就业人口	总就业人口累积率
中产阶层聚居区	1.49	34.73	31.20	20.91	20.91
混合阶层聚居区	1.41	11.27	42.47	5.85	26.76
中等收入阶层聚居区	0.98	31.73	91.54	35.59	79.08
中低收入阶层聚居区	1.04	17.34	59.81	16.73	43.49
低收入阶层聚居区	0.40	8.45	100.00	20.92	100.00

数据来源：广州市 2010 年人口普查资料。

表 3-7　2010 年中产聚居区与非中产聚居区办事人员和有关人员累积率比较　（单位：%）

类型	*R* 值	办事人员和有关人员	办事人员和有关人员累积率	总就业人口	总就业人口累积率
中产阶层聚居区	1.44	30.17	39.17	20.91	26.76
中等收入阶层聚居区	0.96	34.03	73.21	35.59	62.35
中低收入阶层聚居区	0.91	15.30	88.51	16.73	79.08
混合阶层聚居区	1.54	9.00	9.00	5.85	5.85
低收入阶层聚居区	0.55	11.49	100.00	20.92	100.00

数据来源：广州市 2010 年人口普查资料。

图 3-14 反映了中产阶层聚居区与非中产阶层聚居区内这三种职业群体累积率空间分布集中情况。图 3-14 中对角线表示均匀分布状态，曲线与对角线之间的弯曲程度越大，反映各职业人员在社会空间分布的集中度越高，反之则空间分布较均衡。

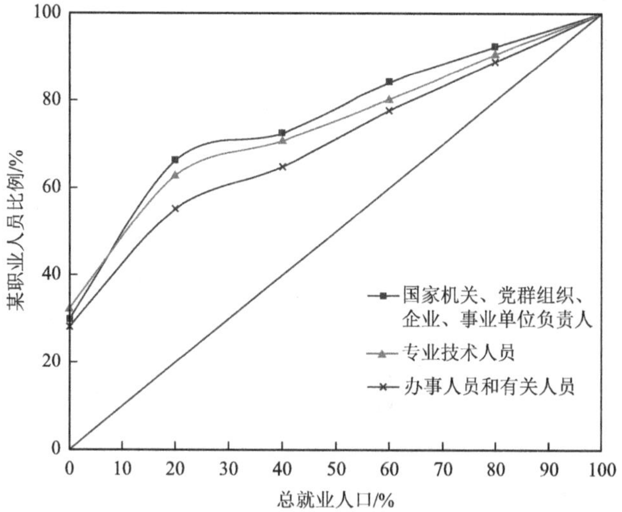

图 3-14 2010 年中产聚居区与非中产聚居区职业洛伦兹空间分布曲线

数据来源：广州市 2010 年人口普查资料。

从图 3-14 可以看出，国家机关、党群组织、企业、事业单位负责人空间分布在整个社会空间分布中集聚程度最高，专业技术人员次之，办事人员和有关人员的空间集聚程度最低。国家机关、党群组织、企业、事业单位负责人在中产阶层聚居区的聚居是造成其空间分布集聚程度高，偏离总就业人口均衡分布状态的主要原因。这也验证了前面所论述的中产阶层聚居区在城市社会空间中拥有丰富的组织资源，并且对广州市组织资源空间分布集聚度有较大程度的影响。

专业技术人员空间分布曲线偏离程度低于国家机关、党群组织、企业、事业单位负责人空间分布曲线，但高于办事人员和有关人员。二者曲线弯曲程度较大的累积率均在总就业人口累积率 20%～40%，这个点分别对应于专业技术人员累积率 60%左右、办事人员和有关人员累积率 50%左右。比较表 3-6 和表 3-7 可以发现，专业技术人员在中产阶层聚居区聚居较多，办事人员和有关人员在中等收入阶层聚居区聚居较多。

3. 住房来源主要以购买原公有住房和商品房为主

从图 3-15 中产阶层聚居区与非中产阶层聚居区社区住房来源熵值看，中产阶层聚居区住房来源主要是购买原公有住房、商品房和二手房。其中购买原公有住房的熵值最大为 2.30，远远高于其他类型社会阶层社区。这说明中产阶层内国家机关、党群组织、企业、事业单位负责人不仅拥有一定组织资源，而且仍然享有着职业所赋予其再分配权力的相对优势。他们中的大部分可以以优惠价购买“原公有住房”、“商品房”或“二手房”。因此，购买原公有住房、商品房成为职业阶层差异表现为最为显著的方面。

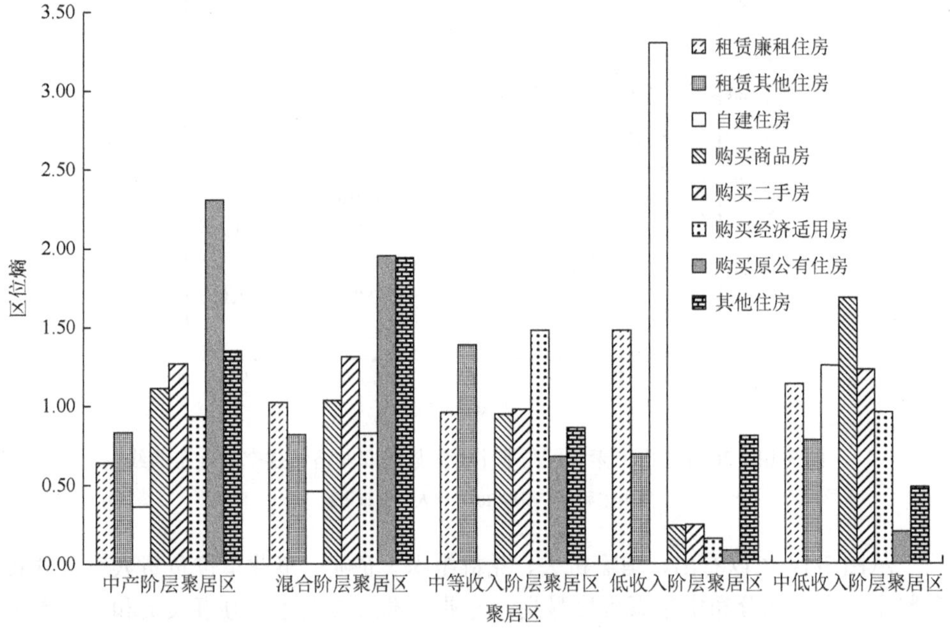

图 3-15　2010 年中产聚居区与非中产聚居区住房来源区位熵比较

数据来源：广州市 2010 年人口普查资料。

各社会阶层聚居区内住房来源存在较大差异。以自建住房为主要住房来源的群体主要集中在低收入阶层聚居区。租赁廉租住房和其他住房集中分布于中等收入阶层聚居区。

4. 高层次教育人才集聚度远高于其他阶层聚居区

表 3-8 为广州市社区不同受教育水平的区位熵。中产阶层聚居区的高等教育程度最为集中，其中研究生教育程度的熵值为 1.96；本科教育程度的熵值为 1.70；专科教育程度的熵值为 1.41。高层次教育人才在该聚居区的密集程度远远超出其他聚居区。

从不同受教育程度的区位熵在各社区密集情况来看，除了高学历人才集中分布在中产阶层聚居区以外，还集中分布在中等收入阶层聚居区，只是相对密集程度较低。未上过学的人员在低收入阶层聚居区内高度密集。其他受教育程度在各社区内密集程度相差不大。

表 3-8 2010 年中产聚居区与非中产聚居区受教育程度人口区位熵比较

受教育程度	中产阶层聚居区	混合阶层聚居区	中等收入阶层聚居区	低收入阶层聚居区	中低收入阶层聚居区
未上过学	0.67	0.81	0.68	1.99	0.92
小学	0.51	0.59	0.77	1.89	1.15
初中	0.70	0.66	1.00	1.35	1.06
高中	1.18	1.29	1.04	0.74	0.90
专科	1.41	1.46	1.07	0.36	0.98
本科	1.70	1.55	1.01	0.19	0.94
研究生	1.96	1.19	1.07	0.08	0.74

数据来源：广州市 2010 年人口普查资料。

3.3 2000～2010 年广州市中产阶层聚居区空间分布及演变

根据前面的分析结果，2000 年广州市中产阶层聚居区范围内共计 26 个街道，2010 年广州市中产阶层聚居区范围内共计 39 个街道，将两个年份的中产阶层聚居区进行叠加（图 3-16），并对其范围内街道变化情况进行整理，分析广州市中产阶层聚居区空间分布及演变特征。

3.3.1 空间分布特征

（1）中产阶层聚居区郊区化显现

以 2000 年中产阶层聚居区空间分布为参照（图 3-16），2000 年中产阶层聚居区主要集中分布在老城区和中心城区。2010 年中产阶层聚居区范围内郊区街道有 9 个。郊区街道的增加反映了中产阶层聚居区呈现明显的郊区化特征。

（2）老城区出现中产阶层化现象

2000 年，广州市中产阶层聚居区范围的 26 个街道仅有 2 个老城区的街道。2010 年，中产阶层聚居区范围内 39 个街道中有 4 个位于老城区。老城区街道数目有所增加，一定程度上反映了广州市老城区出现了类似于西方发达国家中产阶层化现象。这一点与已有学者[161]对广州市中产阶层化研究的结果相类似。随着广州市旧城更新政策的实施，老城区内个别原有的高密度人口、居住拥挤的街道逐渐被中高收入阶层所取代。

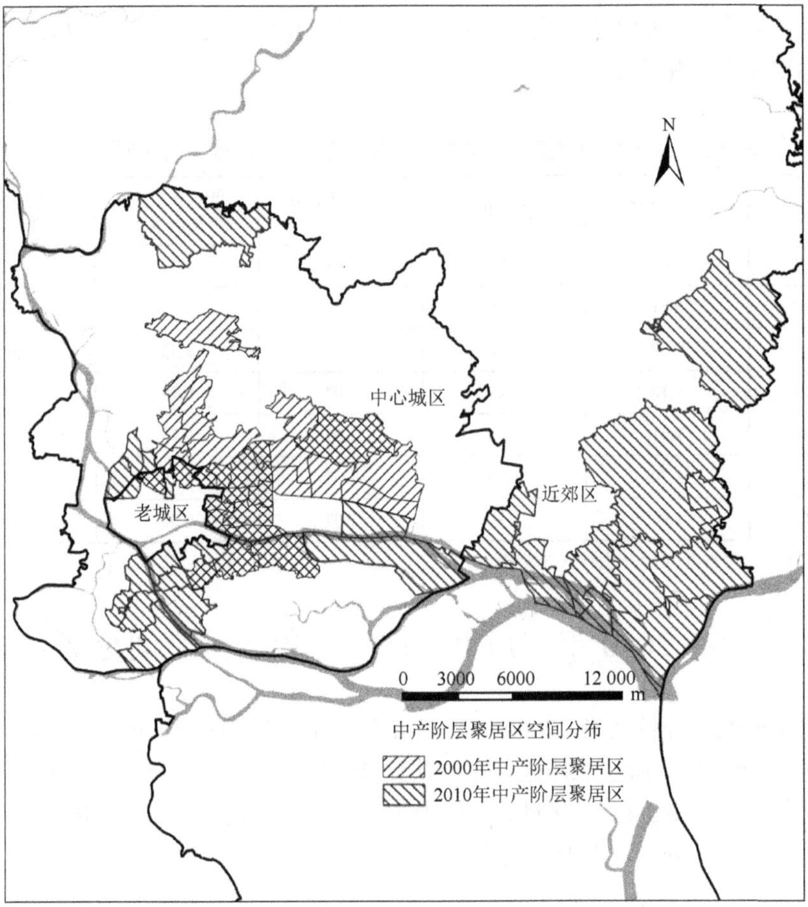

图 3-16　广州市中产阶层聚居区空间分布

（3）整体空间分布由中心集聚向外围扩散，但仍以中心城区为主

虽然中产阶层聚居区已出现郊区化和中产阶层化，呈现由中心集聚向外围扩散的趋势，但仍以中心城区为主。2000 年中产阶层聚居区范围中的 26 个街道中，有 24 个街道集中分布在越秀区东风路和天河区 CBD 沿线，紧邻老城区外围。2010 年中产阶层聚居区范围内 39 个街道中，26 个街道集中分布在中心城区，9 个街道集中分布在郊区，说明中产阶层聚居区空间分布呈现明显的由市中心集聚向外扩散的趋势，郊区化明显，但整体空间分布仍以中心城区为主。广州市中产阶层空间分布没有出现绝对郊区化的趋势，且没有与低收入阶层保持完全空间隔离的形态，而是呈较明显的沿珠江呈带状及马赛克式布局在中心城区内，不同类型的中产阶层空间分布具有较强的空间指向性。例如，高级知识分子空间分布主要集中在新港片区、五山片区，这些片区大都有高

等教育院校的存在，如中山大学、暨南大学、华南师范大学等。国家机关、党群组织、企业、事业单位负责人主要集中在农林街等政府机关和事业单位密集的街道。这表明了广州市中产阶层聚居区与国内其他大城市的中产阶层聚居区在城市中空间位置具有相似性，都是偏向于城市中心城区，这点与西方国家大城市中产阶层居住区远郊区化具有较大的差异。

3.3.2　空间演变特征

以 2000 年为参照，本书将 2000 年出现在中产阶层聚居区范围内，而 2010 年未在中产阶层聚居区范围内的街道看作是消失型街道；2000 年未出现在中产阶层聚居区范围内，2010 年则出现在中产阶层聚居区范围的街道看作是新增型街道；2000 年和 2010 年均在中产阶层聚居区范围内的街道看作是不变型街道。2000～2010 年广州市中产阶层聚居区范围内街道变化情况见表 3-9。

表 3-9　广州市中产阶层聚居区范围内街道变化

街道类型	2000 年	2010 年
不变型街道	昌岗街、新港街、五山街、梅花村街、黄花岗街、沙河街、东湖街、农林街、建设街、白云街、大东街、东风街、洪桥街、赤岗街、华乐街	昌岗街、新港街、五山街、梅花村街、黄花岗、沙河街、东湖街、农林街、建设街、白云街、大东街、东风街、洪桥街、赤岗街、华乐街
新增型街道	—	琶洲街、均禾街、员村街、荔联街、永和街、东区街、南石头街、东沙街、夏港街、南岗街、穗东街、红山街、鱼珠街、黄埔街、南源街、冲口街、龙凤街、素社街、彩虹街、站前街、西村街、白鹤洞街、沙园街、六榕街
消失型街道	流花街、天园街、天河街、石牌街、林和街、登封街、棠下街、兴华街、景泰街、黄石街、三元里街	—
总计/个	26	39

（1）中产阶层聚居区范围有所扩大

以 2000 年中产阶层聚居区为参照，2000 年中产阶层聚居区范围有 26 个街道，其中 2 个街道位于老城区，24 个街道位于中心城区；2010 年中产阶层聚居范围有 39 个街道，其中 9 个街道集中分布于老城区，21 个街道集中在中心城区，9 个街道分布在郊区。整体而言，中产阶层聚居区范围有所扩大。

（2）不变型街道主要集中在中心城区的东山片区和高教区

不变型街道包括昌岗街、新港街、五山街、梅花村街、黄花岗街、沙河街、东湖街、农林街、建设街、白云街、大东街、东风街、洪桥街、赤岗街、华乐街

15 个街道（表 3-9）。在空间分布上，该类型街道集中于中心城区的东山片区和高教区，其中东山片区过去是老广州达官显贵的聚居区，现为广东省和广州市行政部门集中地。

（3）新增型街道主要集中分布在中心城区的珠江两岸和郊区

新增型街道主要包括琶洲街、均禾街、员村街、荔联街、永和街、东区街、南石头街、东沙街、夏港街、南岗街、穗东街、红山街、鱼珠街、黄埔街、南源街、冲口街、龙凤街等 24 个街道（表 3-9）。从空间分布来看，该类型街道主要集中在中心城区的珠江两岸及萝岗、黄埔等郊区。

（4）消失型街道主要集中在中心城区的珠江新城片区

消失型街道主要包括流花街、天园街、天河街、石牌街、林和街、登封街、棠下街、兴华街、景泰街、黄石街、三元里街 11 个街道（表 3-9）。从空间分布来看，该类型街道主要集中在中心城区的珠江新城片区。

整体上，广州市中产阶层空间演变整体呈明显的“交通和商业网点”指向性。广州市目前存在三个 CBD：北京路—上下九分区、环市东分区和天河分区[161]。从 2000 年、2010 年中产阶层聚居区分布来看，仍主要集中在这三大片区分布。此外，2010 年呈现沿珠江两岸向东西方向扩展的趋势明显。究其原因，海珠区在旧城改造中，重点置换改造珠江沿岸工业及居住用地为商业和文化娱乐用地，提升滨水土地效率及城市景观风貌质量。

从西方国家中产阶层聚居区空间演变来看，其演变总是与低收入阶层聚居区的方向是相反的。高收入阶层大多集中分布在沿着高速公路延伸的环境良好的郊区，中等收入阶层聚居区趋向于高收入阶层聚居区而背离低收入阶层聚居区。

3.4　转型期广州市中产阶层聚居区空间分布及演变的机制

3.4.1　城市化与郊区化

城市化与郊区化是影响广州市中产阶层聚居区空间分布呈中心集聚及向外围扩散的宏观作用机制，这点与西方国家是不同的。西方国家内城工业、商贸业、服务业促进了其国家中产阶层的形成，而西方国家中产阶层在空间上则选择了背离内城。对于西方国家中产阶层而言，郊区并不仅仅是一个空间概念，更多的是其价值观、身份认同及社会地位的象征；是中产阶层的美好家园和“乌托邦梦想”的实现地，可以满足其对财产安全、人身安全的要求[162]。

中国进入社会经济转型期后，城市社会正在由过去的高度统一集中模式向局部性、碎片化特征的社会转变，城市化和郊区化同时进行。广州市 1982～2010 年人口年递增率空间分布情况见图 3-17～图 3-19。在 1982～1990 年广州市人口最高年递增率街镇主要集中在老城区，较高年递增率街镇集中在中心城区，负年递增率街镇集中在老城区。在 1990～2000 年广州市人口最高年递增率街镇由老城区外移至中心城区和近郊区，负年递增率街镇仍主要集中在老城区。2000～2010 年广州市人口年递增率较高的中心城区其增长率在下降；近郊区出现高递增率；负年递增率仍主要集中在老城区，但下降幅度加快，一定程度上反映了人口郊区化进程的加快。

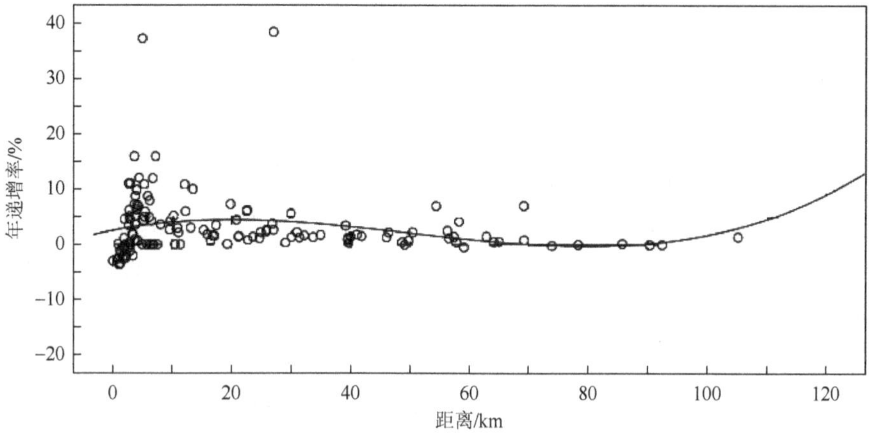

图 3-17 1982～1990 年广州市街镇人口年递增率空间分布

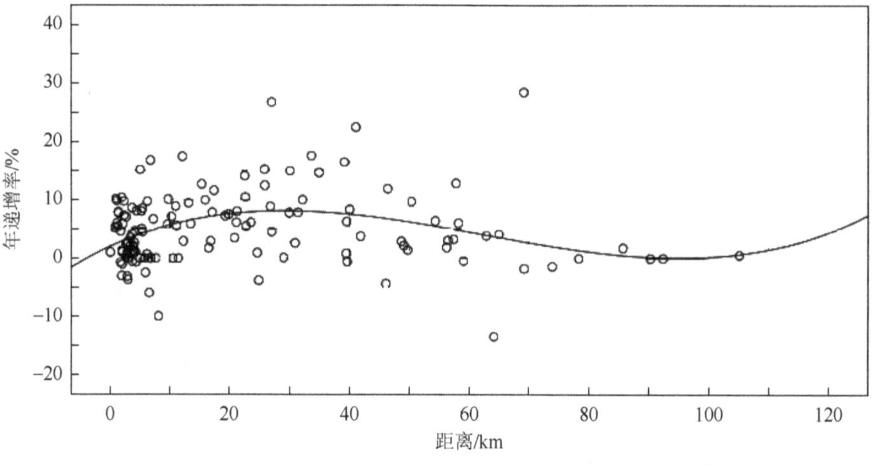

图 3-18 1990～2000 年广州市街镇人口年递增率空间分布

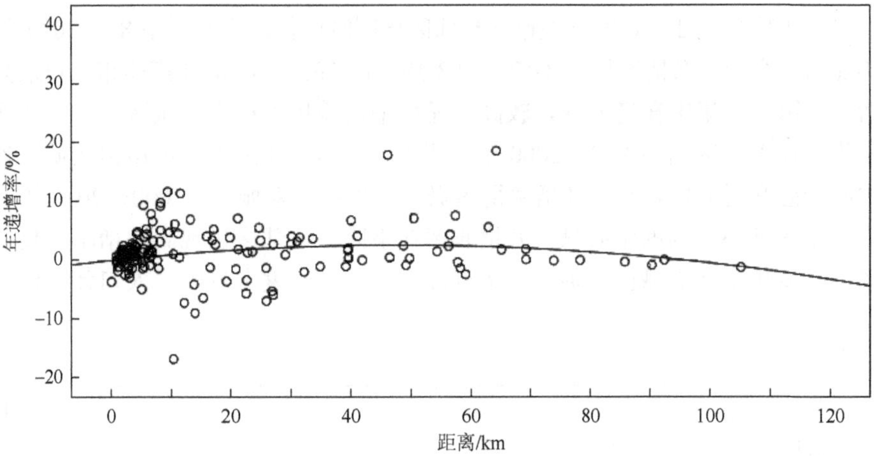

图 3-19 2000～2010 年广州市街镇人口年递增率空间分布

随着郊区化进程的深入，广州市郊区不再是生活配套设施欠缺、人烟荒芜的欠发达区域，而是由大型国有企事业单位、全球化产业居住空间、外来移民聚居区、大型高档居住区等多种社会空间类型构成，吸引中心城区一部分中产阶层住宅的郊区化。同时，为迎合经济全球化进程，广州市政府在市郊兴建经济开发区、保税区、信息产业园等“全球化空间”，相应生活配套设施适应中产阶层居住的商品化住宅区。这种趋势的空间变化，其外在表现是中产阶层聚居区由中心城区向外围扩散，聚居郊区化。

3.4.2 城市更新

政府主导下的城市更新推动了老城区中产阶层聚居区范围内街道的增加。

城市更新或旧城改造的社会及空间效应就是社会阶层的演替，城市社会空间的重构，以及中产阶层化现象的发生。城市更新是中国在土地资源供需矛盾日益突出的情况下，拓展建设空间，保障发展用地的重要途径，是推进节约集约用地试点示范性建设的重要内容。目前，对于城市更新成效大致从技术层面和制度阶层两个方面进行考证，前者侧重于从城市的空间形态、功能等进行改善，后者侧重于旧城内社会阶层演变、利益分配、土地产权等问题[163-165]。政府作为国家权力的代表，通过旧城改造实现对城市空间重塑，达到环境改善，功能更新，保护历史建筑等[166]。

自 20 世纪 90 年代以来，广州市融入新一轮城市空间快速扩张的浪潮[167]。政府主要通过土地出让来推动城市发展和填补“财政缺口”。由于复杂的产权和较高的开发成本，导致政府和开发商更加倾向于开发近郊的土地。随着市场化改革的深入，外资和各类资金开始融入城市建设和城市更新领域，进而大大加快了广州市旧城区改造的步伐。2010年广州亚运会召开前广州市市政府确定清拆问题突出的9个“城中村”，加快六区零散危破房改造及三大旧城更新示范工程，即南华西、恩宁路、东濠涌及越秀南连片危房改造。这一规模浩大而快速的旧城改造运动全面推进了广州市中产阶层化的进程。目前，已有学者研究成果认为，广州市目前已经呈现以新建中产阶层化为主导，传统中产阶层化、学生中产阶层化与乡村中产阶层化并进的进程[81]。从西方发达国家发展历程来看，无论是“郊区化浪潮”还是“中产阶层化”，起初以城市物质空间改造为导向的城市更新运动都对旧城区乃至城市整体社会空间结构产生较大的影响。

从中产阶层聚居区老城区街道范围的扩大，说明广州旧城改造的成效初显，老城区的商业繁荣是广州传统中产阶层化进程的主要动力。随着老城区商业的繁荣和生活服务设施的改善，产生“前往旧城”——更大区域的资本与人才流动[168]。旧城更新改变了部分地区的人口构成和社会阶层的演替，但是荔湾区和越秀区核心范围仍然是低收入人口相对集中的区域。

3.4.3 传统城市社会空间的历史延续

传统城市社会空间的历史延续保持中产阶层聚居区部分街道的稳定不变。现今广州市城市社会空间结构一直以来是传统的“西富—东贵”社会结构的继承和演变。沙面因其独特的殖民地历史而与邻近地区的社会特征殊别，现为广州市的高级居住区、领馆区。现今海珠区的南华西街也是当时的高级住宅区。原东山区的梅花村、农林、东湖等街区历史上就是官宦衙门（行政部门）聚集地，现仍为广东省和广州市行政中心集中地。民国时期，外国传教士、归国华侨投资房地产热潮和官僚政要官邸的兴建强化了城东地区达官显贵聚居。“西富—东贵”的社会空间格局一直被较好的继承下来，这些曾经是繁华富贵地段现今仍属于人口密集、商业发达、政治文化繁荣的综合功能区。从历次社区研究结果中发现，原东山区一直以来都是政府机关管理者和高端服务业人员聚居区[84, 160]。越秀区自古以来都是广州经济和商业中心，古往今来，这里就是富甲一方的商人聚居之地，造就了老城区商业中心不可动摇的地位，也是现代中产阶层偏爱的地区。这些职业等级高的群体在整个社会阶层中占有重要的组织资源、经济资源，该区域政治文化氛围浓厚，是中产阶层云集之地。天河区的五山高教区和海珠区的新港中大高教区一直以来都是广州市教育重区。这些区域内群体的职业类型保持高度的稳定性和较高的社会声望，其社会地位也随着城市经济的发展得到巩固和提升。

3.5 小　结

本章利用2000年和2010年广州市人口普查数据，采用多因子生态分析法和聚类法对广州市2000年、2010年社区进行划分，在社区分析结果中将中产阶层聚居区独立出来，分析其空间分布演变规律及形成机制。

①广州市社区类型可以划分为中产阶层聚居区、中等收入阶层聚居区、中低收入阶层聚居区、低收入阶层聚居区和混合阶层聚居区五大类型，形成了以混合阶层聚居区为核心，由内向外依次是中产阶层聚居区、中等收入阶层聚居区、中低收入阶层聚居区和低收入阶层聚居区的圈层结构。

②广州市中产阶层聚居区空间分布特征体现在：一是广州市中产阶层聚居区郊区化显现；二是老城区出现中产阶层化现象；三是中产阶层聚居区空间分布仍以中心城区为主。广州市中产阶层空间演变特征体现在：一是中产阶层聚居区范围有所扩大；二是消失型街道主要集中在中心城区和珠江新城片区；三是新增型街道主要分布在中心城区的珠江两岸和郊区；四是不变型街道主要集中在中心城区的原东山区和高教区。

③广州市中产阶层聚居区空间分布演变形成机制主要包括：一是城市化与郊区化决定了中产阶层空间分布演变方向；二是城市更新带来社会阶层演替的发生；三是传统城市社会空间的历史延续。

4 中观层面：广州市中产阶层聚居区地域类型演变

第 3 章从宏观层面对广州市中产阶层聚居区整体空间分布及演变特征进行把握，关于中产阶层聚居区内部的类型，不同类型间的动态演变，这是本章节研究的出发点，即从中观层面分析广州市中产阶层聚居区内地域类型演变。

4.1 2010 年广州市中产阶层聚居区内部亚类划分

根据 2010 年广州市社区聚类树状图，截取出中产阶层聚居区树状图，根据聚类结果将其划分为五个亚类，通过对这五个亚类中产阶层聚居区内部职业、行业、住房和教育及地理区位特征分析，最终将这五个亚类归纳为教育中产阶层聚居区、职业中产阶层聚居区、收入中产阶层聚居区和混合中产阶层聚居区四个亚类（图 4-1）。

4.1.1 教育中产阶层聚居区

（1）空间分布特征

所谓教育中产阶层聚居区是指职业类型以专业技术人员为主，研究生及以上教育程度人员占绝对优势的聚居区。图 4-1 显示，教育中产阶层聚居区主要集中分布在中心城区的五山街、农林街、黄花岗街、琶洲街、新港街、赤岗街、均禾街 7 个街道，整体呈现“带状 + 片状”空间分布结构。

（2）职业、行业特征

从表 4-1 可以看出，中产阶层聚居区主要聚居了大量的国家机关、党群组织、企业、事业单位负责人、专业技术人员、商业、服务业人员、办事人员和有关人员。其中，专业技术人员集聚度最高，国家机关、党群组织、企业、事业单位负责人和商业、服务业人员次之。

在行业方面，教育中产阶层聚居区内聚居了大量从事教育、科学研究和技术服务业、金融业、信息传输、软件和信息技术服务业和房地产业等行业人员。其中，从事教育的人员集聚度最高，科学研究和技术服务业、金融业次之。总体上，该聚居区内主要是从事教育、科学研究和技术服务业，具有较强专业技术性的高学历群体（表 4-2）。

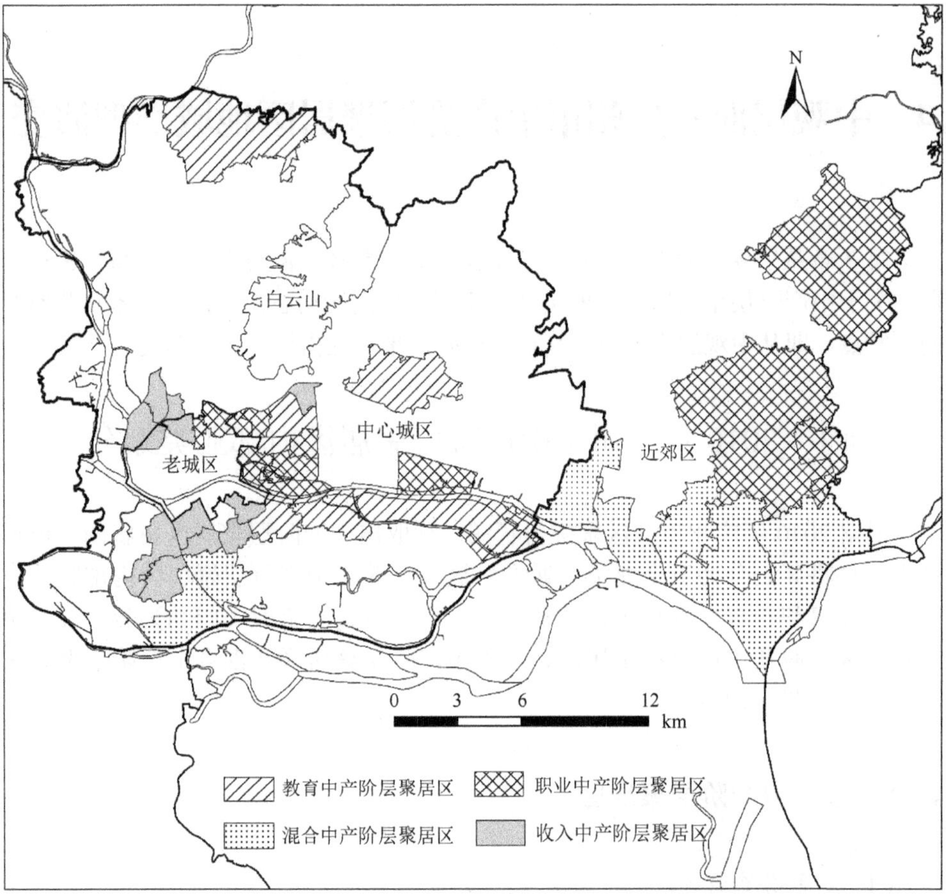

图 4-1　2010 年广州市中产阶层聚居区内部亚类划分

表 4-1　2010 年广州市中产阶层聚居区不同职业类型区位熵比较

类别	国家机关、党群组织、企业、事业单位负责人	专业技术人员	商业、服务业人员	办事人员和有关人员
教育中产阶层聚居区	1.27	1.28	1.12	0.78
职业中产阶层聚居区	1.40	0.99	0.94	1.01
混合中产阶层聚居区	0.70	0.68	0.77	0.94
收入中产阶层聚居区	0.51	1.05	1.32	1.45

数据来源：广州市 2010 年人口普查资料。

表 4-2　2010 年广州市中产阶层聚居区不同行业区位熵比较

类别	金融业	房地产业	教育	信息传输、软件和信息技术服务业	科学研究和技术服务业
教育中产阶层聚居区	1.12	1.02	1.37	1.11	1.26
职业中产阶层聚居区	1.12	1.04	1.29	0.96	0.57

续表

类别	金融业	房地产业	教育	信息传输、软件和信息技术服务业	科学研究和技术服务业
混合中产阶层聚居区	0.53	1.11	0.43	0.62	0.93
收入中产阶层聚居区	1.14	1.28	0.76	1.35	1.32

数据来源：广州市2010年人口普查资料。

（3）住房特征

从表4-3可以看出，教育中产阶层聚居区内的住房来源方面主要以购买原公有住房和购买商品房为主，其中购买原公有住房的最为密集，说明了教育中产阶层聚居区住房来源大多是由单位原福利房等原公有住房转变而来。

在租房费用方面，教育中产阶层聚居区内租房费用以每月2001～3000元的为主，每月3000元以上的次之。

表4-3 2010年广州市中产阶层聚居区不同住房区位熵比较

类别	住房来源			月租房费用/元		
	购买商品房	购买二手房	购买原公有住房	1501～2000	2001～3000	3000以上
教育中产阶层聚居区	1.27	0.84	1.39	1.68	2.24	1.92
职业中产阶层聚居区	0.72	1.03	1.11	0.94	0.97	1.30
混合中产阶层聚居区	1.08	1.15	0.53	0.23	0.16	0.26
收入中产阶层聚居区	1.36	1.30	0.71	0.94	1.53	1.21

数据来源：广州市2010年人口普查资料。

（4）受教育程度特征

从表4-4可以看出，教育中产阶层聚居区就业人员的受教育程度主要以研究生为主，本科次之。从6岁以上受教育人口来看，仍然是研究生较为密集，本科和专科次之，体现了该类型聚居区内人员的文化程度保持较高的受教育程度。该类型内集聚了大量受高等教育人口。

表4-4 2010年广州市中产阶层聚居区不同受教育程度区位熵比较

类别	就业人员			6岁以上受教育人口		
	专科	本科	研究生	专科	本科	研究生
教育中产阶层聚居区	0.93	1.31	2.12	1.08	1.75	2.54
职业中产阶层聚居区	1.05	1.04	0.95	1.03	1.53	0.66
混合中产阶层聚居区	0.85	0.60	0.27	0.93	0.54	0.24
收入中产阶层聚居区	1.41	0.98	0.51	1.42	1.02	0.38

数据来源：广州市2010年人口普查资料。

4.1.2　职业中产阶层聚居区

（1）空间分布特征

职业中产阶层聚居区主要包括东区街、永和街、荔联街、员村街、白云街、东湖街、大东街、农林街、六榕街、洪桥街、华乐街、建设街 12 个街道。从图 4-2 空间分布看，该类型聚居区主要集中在中心城区和郊区，其中包括位于老城区内的 2 个街道、中心城区的 8 个街道、郊区的 2 个街道。整体呈“片状”分布在中心城区和郊区地区。

（2）职业、行业特征

职业中产阶层聚居区内职业类型主要以国家机关、党群组织、企业、事业单位负责人、办事人员和有关人员为主。行业方面，该类型聚居区内群体主要从事金融业、房地产业、教育等行业。

（3）住房来源特征

在住房来源方面，职业阶层聚居区内住房主要是购买原公有住房和购买二手房，其中购买原公有住房区位熵最高，购买二手房次之。住房来源反映了职业中产聚居区集中分布国家机关、党群组织、企业、事业单位负责人的现实是相符的。说明职业中产阶层聚居区体制内人员较多，大多数凭借其职业性质的优势购买原公有住房的比例较大。

在住房费用方面，职业中产阶层聚居区内以月租房费用在 3000 元以上的为主。

（4）受教育程度特征

从表 4-4 可以看出，职业中产阶层聚居区就业人员的受教育程度主要以专科和本科为主。从 6 岁以上受教育人口来看，职业中产阶层聚居区内本科学历人员较为密集，专科学历人员次之。教育水平体现了该类型聚居区内人员的文化程度保持比较高的教育水平。该类型内集聚了大量受过高等教育的人口。

4.1.3　收入中产阶层聚居区

（1）空间分布特征

收入中产阶层聚居区包括南源街、冲口街、龙凤街、素社街、东风街、彩虹街、站前街、西村街、白鹤洞街、昌岗街、沙园街、东沙街和沙河街 13 个街道，其中 2 个街道位于老城区，10 个街道位于中心城区，整体呈“块状”分布在中心城区西部的荔湾片区，紧邻职业中产阶层聚居区和教育中产阶层聚居区分布。

（2）职业行业特征

收入中产阶层聚居区内人群职业类型主要以专业技术人员、商业、服务业人员、办事人员和有关人员为主。其中，办事人员和有关人员密集度最高，商业、服务业人员和专业技术人员次之。

在行业类型方面，收入中产阶层聚居区内行业类型主要是以金融业、房地产业、信息传输、软件和信息技术服务业和科学研究和技术服务业为主。

（3）住房来源特征

收入中产阶层聚居区内住房来源主要是购买商品房和购买二手房为主，月租房费用主要以2001～3000元和3000元以上的为主。其中，以月租房费用在2001～3000元的更为集中。

（4）受教育程度特征

从表4-4受教育程度区位熵来看，收入中产阶层聚居区内就业人员受教育程度主要以专科学历为主，6岁以上受教育人口以专科和本科学历为主。收入阶层聚居区内整体受教育程度不是很高。

4.1.4 混合中产阶层聚居区

（1）空间分布特征

混合中产阶层聚居区包括东沙街、夏港街、南岗街、穗东街、红山街、鱼珠街、黄埔街、琶洲街7个街道，其中1个街道位于中心城区，6个街道位于郊区。该类型中产阶层聚居区整体空间主要呈“片状”集中在紧邻中心城区的近郊区。

（2）职业行业特征

混合中产阶层聚居区内并没有表现出明显的主导职业类型，每个类型的职业空间分布较为均衡。行业方面，该类型聚居区内主要以房地产业为主，其他类型行业没有表现出明显的空间集聚。

（3）住房来源特征

根据表4-4不同住房区位熵来看，混合中产阶层聚居区内住房来源主要是购买商品房和购买二手房为主。各等级月租房费用分布相对比较均衡，没有表现出明显的月租费用差异。

（4）受教育程度特征

受教育程度方面，混合阶层聚居区内就业人员受教育程度相当。混合中产阶层聚居区6岁以上受教育人口呈现以本科学历为主，整体受教育程度比较均衡。

4.2 2000～2010 年广州市中产阶层聚居区内部亚类变化

采用同样的方法对 2000 年广州市中产阶层聚居区内部地域类型进行划分，得出 2000 年广州市中产阶层聚居区内部类型划分（图 4-2）。根据 2000～2010 年广州市中产阶层聚居区内街道类型变化（图 4-3），总结转型期广州市中产阶层聚居区内地域类型变化特征。

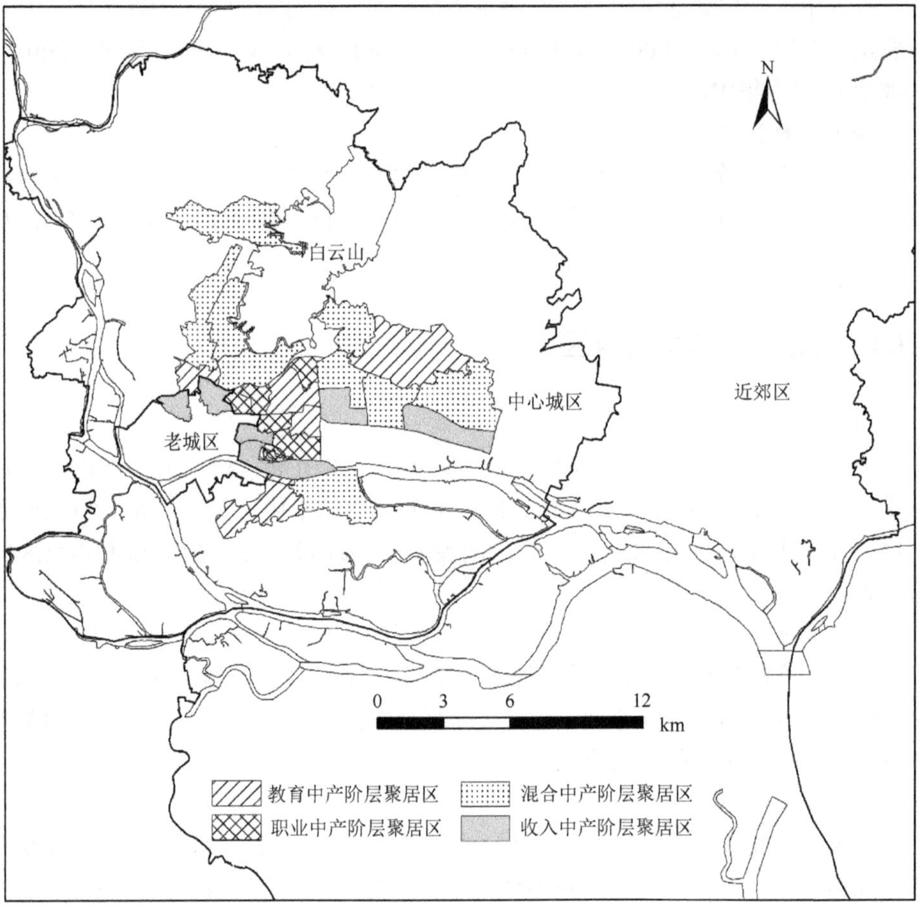

图 4-2 2000 年广州市中产阶层聚居区类型划分

4.2.1 数目变化

各亚类聚居区内街道数量都有所增加。从图 4-3 可以看出，除了混合中产阶层聚居区空间范围缩小以外，教育中产阶层聚居区、收入中产阶层聚居区和职业

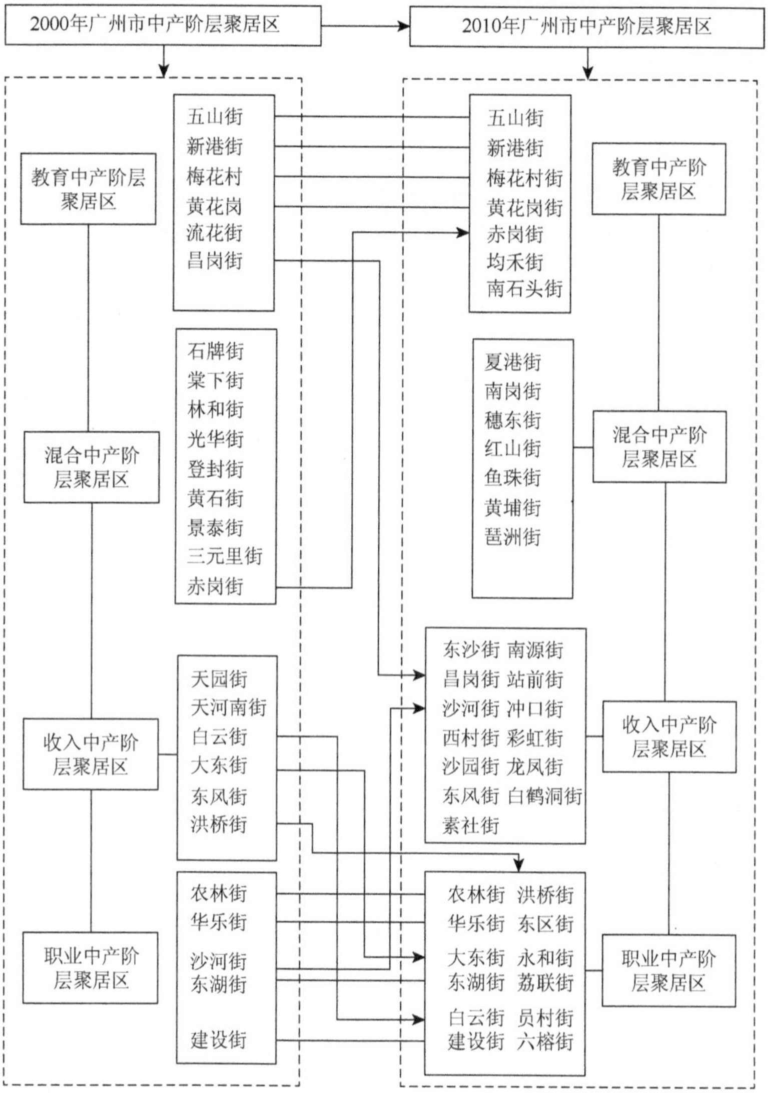

图 4-3　2000～2010 年广州市中产阶层聚居区内街道类型变化

中产阶层聚居区三个亚类聚居区街道范围都有所增加。其中，职业中产阶层聚居区空间范围扩大最快，其范围内所含街道由 2000 年的 5 个增加到 2010 年的 12 个，增加了 7 个街道；收入中产阶层聚居区次之，其范围内街道由 2000 年的 6 个增加到 2010 年的 8 个，增加了 2 个街道；教育中产阶层聚居区变动幅度最小，范围内街道由 2000 年的 6 个增加到 2010 年的 7 个，仅增加了 1 个，这也说明了教育中产阶层聚居区相对于其他聚居区内部构成最为稳定。

4.2.2 类型转换

四个亚类中产阶层聚居区除了街道数目发生变化以外，其内部所属街道类型也在发生转变（图 4-3）。这种转变主要表现在职业中产阶层聚居区向收入中产阶层聚居区转变；混合中产阶层聚居区向教育中产阶层聚居区转变；收入中产阶层聚居区向职业中产阶层聚居区转变；职业中产阶层聚居区向收入中产阶层聚居区转变。具体体现在：原属于教育中产阶层聚居区类型的昌岗街 2010 年转变为收入中产阶层聚居区类型；原属于混合中产阶层聚居区的赤岗街 2010 年转变为教育中产阶层聚居区类型；原属于收入中产阶层聚居区的白云街、大东街和洪桥街 2010 年转变为职业中产阶层聚居区；原属于职业中产阶层聚居区的沙河街 2010 年转变为收入中产阶层聚居区类型。

4.2.3 空间分布

发生类型转换的街道主要是昌岗街、赤岗街、大东街、白云街、洪桥街及沙河街等。从空间分布来看，这些街道主要集中在中心城区和老城区。这也说明了这些街道内存在较强的社会阶层流动。

4.3 2000～2010 年广州市中产阶层聚居区亚类地域类型演变

运用熵权法[169]分别对 2000 年和 2010 年中产阶层聚居区各街道的职业类型、受教育程度和住房来源等指标进行熵值权重计算，然后通过熵值权重乘以各指标区位熵值，最终得出各评价指标综合值。

把 2000 年和 2010 年各街道各指标数据放在同一个坐标系中，其中 x 轴表示某一指标 2010 年的区位熵，y 轴表示某一指标 2000 年的区位熵，以区位熵 1 为参考值，将中产阶层聚居区范围内地域类型划分为四种演变类型，即强稳定型、弱稳定型、衰减型和增长型（图 4-4）。

为了更加直观地体现广州市中产阶层聚居区地域类型演变特征，我们将数据结果用 GIS 软件的空间可视化功能表现出来，得到 2000～2010 年广州市中产阶层聚居区地域类型空间分布图（图 4-5）。

4.3.1 强稳定型

强稳定型是指 2000 年和 2010 年中产阶层聚居区某指标熵值均大于 1 的街道，在坐标系中位于第一象限。从图 4-4 可以得出，位于第一象限的强稳定型街道有

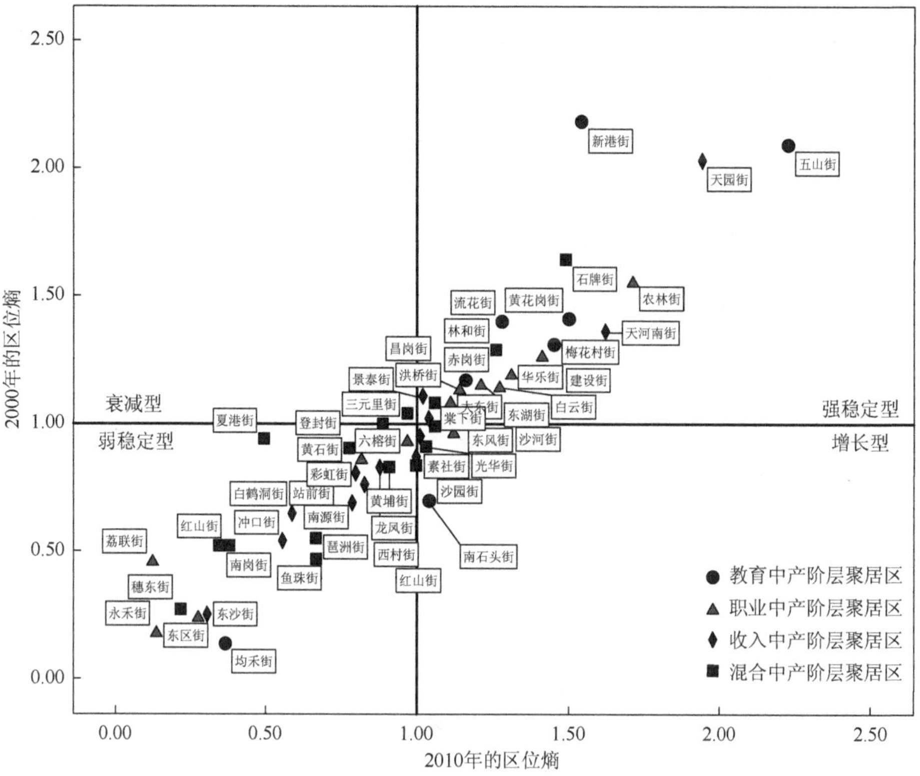

图 4-4　广州市中产阶层聚居区四个亚类的地域类型

越秀区的白云街、东湖街、大东街、梅花街、农林街、洪桥街、华乐街、黄花岗街、建设街、流花街，海珠区的新港街、昌岗街、赤岗街，白云区的景泰街，天河区的天园街、石牌街、五山街、林和街、天河南街、棠下街，共 20 个街道。

从这些街道所属的亚类聚居区类型来看，强稳定型主要包括教育中产阶层聚居区和职业中产阶层聚居区。

从图 4-5 可以看出，强稳定型主要集中在广州市中心城区的核心位置。

4.3.2　弱稳定型

弱稳定型是指 2000 年和 2010 年广州市中产阶层聚居区某指标的区位熵值均小于 1 的街道，在坐标系中位于第三象限。从图 4-5 可以得出，位于第三象限的弱稳定型街道主要包括荔湾区的东沙街、南源街、彩虹街、站前街、西村街、冲口街、白鹤洞街，萝岗区的东区街、夏港街、永和街，黄埔区的南岗街、穗东街、红山街、鱼珠街、荔联街、黄埔街等 21 个街道。从这些街道所属亚类聚居区的类

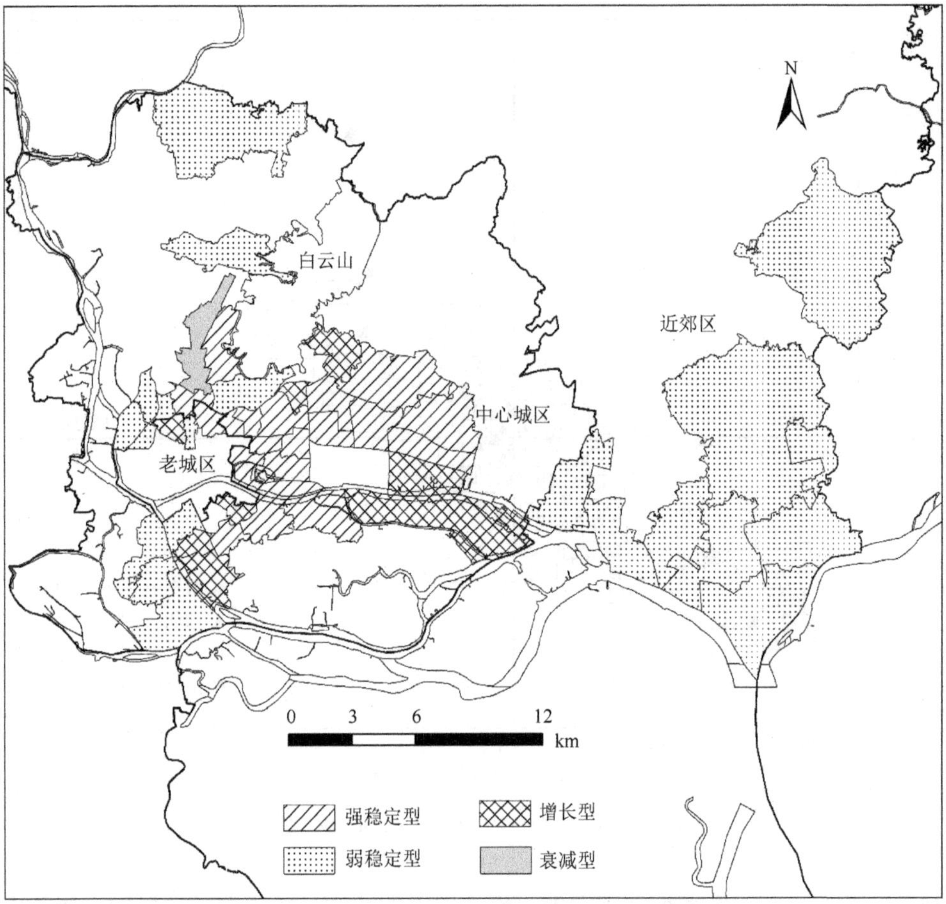

图 4-5　2000～2010 年广州市中产阶层聚居区地域类型空间分布

型来看，弱稳定型主要包括收入中产阶层聚居区和混合中产阶层聚居区。从图 4-5 可以看出，弱稳定型空间分布整体呈现“环状”围绕在紧邻老城区的中心城区和郊区地带。

4.3.3　增长型

增长型是指 2000 年某一指标的区位熵值小于 1，2010 年该指标的区位熵值大于 1 的街道，在坐标系中位于第四象限。位于第四象限的增长型街道有海珠区的南石头街、沙园街、琶洲街、素社街，天河区的沙河街、员村街、兴华街及越秀区的东风街 8 个街道。从该象限内街道所属亚类来看，增长型包括混合中产阶层聚居区、教育中产阶层聚居区及收入中产阶层聚居区。增长型空间分布呈现“散点状”零星地集中分布在强稳定型和弱稳定型之间的珠江沿岸地区。

4.3.4 衰减型

衰减型是指 2000 年某指标的区位熵值大于 1，2010 年该指标的区位熵值小于 1 的街道，在坐标系中位于第二象限。位于第二象限的衰减型街道只有白云区的三元里街，该街属于混合中产阶层聚居区。

4.4 典型社区案例分析

为了进一步理解不同地域类型演变特征，本书通过对 50 个社区进行实地调研与对比分析，结合中产阶层聚居区四个亚类（教育中产阶层聚居区、职业中产阶层聚居区、收入中产阶层聚居区、混合中产阶层聚居区）和四个地域类型（强稳定型、弱稳定型、增长型和衰减型），同时考虑不同地理区位的差异，最终选取最具代表性的 5 个典型社区，分别是中大社区、黄埔花园社区、嘉和苑社区、保利花园社区、金桂园社区。首先，对这五个典型社区的地理区位、建设年代等基本情况进行梳理（表 4-5），其次，结合各社区的调查问卷数据对该社区中产家庭构成（表 4-6）、教育水平迁居历程等方面进行分析，进一步分析中产阶层聚居区内地域类型演变的形成机制。

表 4-5 5 个典型社区的基本特征

典型社区	中大社区	黄埔花园社区	嘉和苑社区	保利花园社区	金桂园社区
地域类型	强稳定型	弱稳定型	增长型	增长型	衰减型
聚居区类型	教育中产阶层	混合中产阶层	职业中产阶层	收入中产阶层	混合中产阶层
问卷数量/份	28	36	32	36	30
地理区位	中心城区	近郊区	老城区	中心城区	中心城区
所属区	海珠区	黄埔区	越秀区	海珠区	白云区
所属街道	新港街	黄埔街	东风街	南石头街	三元里街
建设时间	1996 年	2004 年	2000 年	1999 年	2000 年
容积率	2.60	2.63	5	2.27	3.08
绿化率/%	25	31	30	38	40
占地面积/m^2	25 000	160 000	30 000	220 000	100 649
建筑面积/m^2	65 000	420 000	150 000	500 000	310 000
物业管理费/(元/m^2/月)	0.80	1.50	1.2	1.8	2.3
二手房均价/(元/m^2)	30 316	21 055	30 523	25 139	24 500

数据来源：笔者根据搜房网相关数据整理。

表 4-6　5 个典型社区被调查中产家庭的社会特征

典型社区		中大社区	黄埔花园社区	嘉和苑社区	保利花园社区	金桂园社区
地域类型		强稳定型	弱稳定型	增长型	增长型	衰减型
聚居区类型		教育中产	混合中产	职业中产	收入中产	混合中产
地理区位		中心城区	近郊区	老城区	中心城区	中心城区
所属区		海珠区	黄埔区	越秀区	海珠区	白云区
所属街道		新港街	黄埔街	东风街	南石头街	三元里街
问卷数量/份		28	36	32	36	30
户主年龄		39	48	41	42	45
家庭平均人数/人		2.9	4.2	3.4	3.1	3.7
教育水平	专科及以下	—	28.6	42	—	42.5
	本科	64.3	71.4	51.6	100	55.0
	研究生	35.7	—	6.4	—	2.5
职业类型	政府机关管理者	—	—	32.5	11.0	—
	企事业管理者	22.9	42.9	18.0	29.0	31.3
	专业技术人员	62.9	7.1	—	10.4	6.3
	办事人员和有关人员	—	7.1	—	19.6	6.3
	私营企业主	10.1	28.6	34.0	30.0	43.8
	商业、服务业人员	4.1	14.3	9.5	—	2.5
	其他从业者	—	—	—	—	—
社区归属感	强烈感觉	72.9	21.4	20.0	67.4	6.3
	一般感觉	27.1	28.6	80.0	32.6	75.0
	没有感觉	—	50.0	—	—	18.8

注：数据来源调查问卷，户主年龄、家庭规模均为平均值。

4.4.1　中大社区——强稳定型教育中产阶层聚居区

1. 基本特征

中大社区位于广州市中心城区的海珠区新港街中山大学校园西区，环境清净优雅，文化底蕴浓厚，是广州市第一大园林小区（图 4-6）。周边服务设施配套成熟，大型超市、肉菜市场、商场、银行、邮局、医院等一应俱全，生活便捷。周边教育资源丰富，有中山大学附属幼儿园、中山大学附属小学、中山大学附属中学、广州市第六中学等良好的教育资源（图 4-7）。优越的地理区位优势、深厚的文化底蕴、完善的生活配套设施备受广州市中产阶层的青睐。

图 4-6 中大社区地理区位

图 4-7 中大社区内部环境

中大社区始建于 20 世纪 90 年代。其中，1980 年前住房建筑占社区住房的 4.74%，1980～1989 年的住房建筑占 30.26%，1990～1999 年的住房建筑占 43.42%，2000 年以后的住房建筑占 21.58%。该社区占地面积 25 000m^2，建筑面积 65 000m^2，绿化率为 25%，容积率为 2.6。在住房来源方面，该社区主要是购买原公有住房，即房改房，其占社区住房建筑的 67.11%；租赁其他住房次之。社区内建筑类别主要有塔楼、低层楼房和小高层楼房。

2. 社会特征

（1）家庭构成以核心家庭为主

被调查者户主平均年龄为 39 岁，家庭成员平均为 3.14 人/户。其中，三口之家占被调查中产家庭总数的 85.7%，四口之家占 14.3%，家庭构成以核心家庭为主。

（2）受教育程度比较高

在被调查者学历构成上，本科教育程度的占被调查者人数的 64.3%，研究生及以上受教育程度的占 35.7%。

（3）职业类型主要以从事教育行业的专业技术人员为主

被调查者中表示其家庭成员中一人为中山大学教职工的被调查者人数的 62.9%，企事业管理者占 22.9%，私营企业主占 10.1%，商业、服务业人员占 4.1%，这些商业、服务业人员主要是中山大学周边从事纺织生意的商人。

（4）迁居历程和住房需求意愿

被调查者表示在中大社区居住时间 10 年以上的人占被调查者人数的 92.9%，其中居住 20 年以上的人占 28.6%。被调查者均表示其家庭发生过居住变迁，其中从老城区搬迁至此的占的 22.9%，从中心城区搬迁至此的占 70.0%，从郊区搬迁至此的占 7.1%。搬迁的原因主要集中在单位分房、通勤时间和子女教育。80%被调查中产家庭表示从没想过搬出中大社区，20%的被调查中产家庭表示合适条件时会考虑搬出中大社区。

（5）居住满意度高和社区归属感强烈

被调查者均表示对现住社区比较满意，满意的原因主要是包括满足子女教育需求，离工作单位近，生活便利，区位好，通勤出行方便及环境好。被调查中产家庭表示对中大社区有强烈归属感的占总数的 72.9%，一般归属感的占 27.1%。这也是中大社区作为教育中产阶层聚居区较为稳定的主要原因。

4.4.2 黄埔花园社区——弱稳定型混合中产阶层聚居区

1. 基本特征

黄埔花园位于广州市近郊区，地处黄埔区中山大道和丰乐南路交界处，各类交通设施方便快捷（图 4-8）。该社区是黄埔区中心区域档次较高、规模最大的生态水景园林社区。社区内配套齐全，设有商业服务设施、中学、幼儿园一体化素质教育配套设施（图 4-9）。该社区建设于 2004 年，占地面积 160 000m^2，建筑面积 420 000m^2，容积率为 2.63，绿化率为 31%，物业管理费为 1.5 元/m^2/月，二手房均价为 21 055 元/m^2。社区内住房类型主要以 12～23 层高楼洋房为主。根据 2010 年广州市第六次人口普查数据统计分析，黄埔花园社区内居民受教育程度方面，高中教育程度的社区居民占社区居民总人数的 26.33%，专科教育程度的社区居民占 21.84%，本科教育程度的社区居民占 20.58%，初中教育程度的社区居民占 15.64%，整体不同受教育程度的群体分布相对比较均衡。在职业类型方面，办事人员占社区居民总人数的 25.11%，商业服务业人员占 24.66%，专业技术人员占 22.42%。

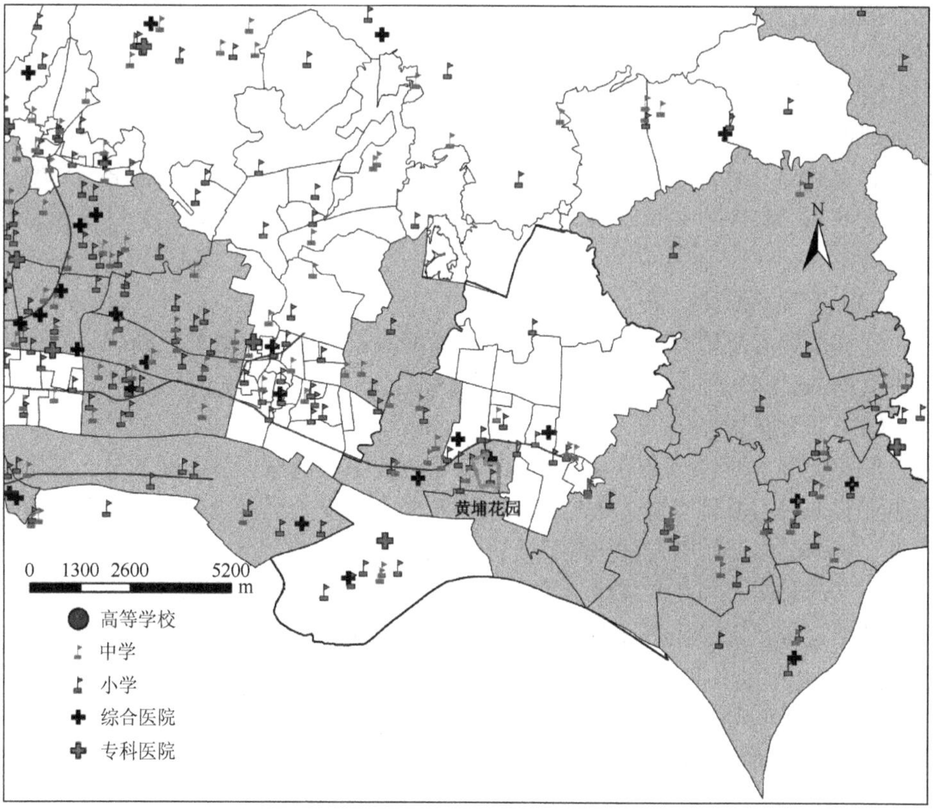

图 4-8 黄埔花园社区地理区位

图 4-9　黄埔花园社区内部环境

2. 社会特征

（1）家庭构成以联合家庭为主

被调查者户主平均年龄为 48 岁，家庭成员平均为 4.2 人/户。其中，二人家庭占被调查中产家庭总数的 7.1%，三人之家占 21.5%，四人之家占 35.7%，五人之家占 21.4%，六人之家占 14.3%。家庭成员数目明显多于中心城区家庭成员数。

（2）受教育程度一般

在被调查者学历构成上，专科教育程度的占被调查者人数的 28.6%，本科教育程度的占 71.4%。

（3）职业类型

职业类型主要包括企事业管理者、私营企业主和商业、服务业人员。其中，企事业管理者占被调查者人数的 42.9%，私营企业主人员占 28.6%，商业、服务业人员占 14.3%，办事人员和有关人员占 14.2%。

（4）迁居历程和住房需求意愿

被调查中产家庭在黄埔花园平均居住时间为 9 年，其中居住时间 9 年以下的占 42.9%，9 年以上的占 57.1%。被调查者均表示其家庭发生过居住变迁，其中从中心城区搬迁至此的占 14.3%，从郊区搬迁至此的占 85.7%。搬迁的原因主要是为了改善居住条件和住房环境。35.6%的被调查中产家庭表示从没想过搬出社区，64.4%的被调查中产家庭表示条件合适时会考虑搬出社区。

（5）居住满意度高和社区归属感一般

被调查者均表示对现住小区比较满意，满意的原因主要包括满足子女教育需求，离工作单位近，生活便利，区位好，通勤出行方便及环境好。被调查者对于黄埔花园有强烈归属感的占社区人数的21.4%，一般归属感的占28.6%，没有归属感的占50.0%。

4.4.3　嘉和苑社区——增长型职业中产阶层聚居区

1. 基本特征

嘉和苑社区地理区位属于广州市老城区，地处广州市核心地段，地理位置优越，交通便利图4-10。现嘉和苑社区是2000年广州市旧城改造计划中，将原有旧楼房改造而成的现代化大型住宅及商业小区，占地面积为30 000m^2，建筑面积为150 000m^2，容积率为5，绿化率为30%，物业管理费为1.2元/m^2/月，现二手房均价为30 523元/m^2，是所在片区档次最高的高尚豪宅楼盘（图4-11）。嘉和苑社区毗邻流花湖公园，周边的生活配套设施相对齐全，生活便利，周边名校林立，如

图4-10　嘉和苑社区地理区位

省级广州市越秀区中六幼儿园、广州市八一希望小学、省级广州市第四中学、广州市第十一中学（2006 年复名广州市南海中学）等，教育资源较好。

根据 2010 年广州市第六次人口普查数据统计分析，嘉和苑社区住房主要以 20 世纪 90 年代建筑为主，其中 1990～1999 年建筑面积占总建筑面积的 63.8%，2000 年以来的建筑面积占总建筑面积的 36.2%。

图 4-11　嘉和苑社区内部及周边环境

2. 社会特征

（1）家庭构成以核心家庭为主

被调查者户主平均年龄为 41 岁，家庭成员平均为 3.4 人/户。其中，三口之家占被调查中产家庭总数的 70.0%，四口之家占 20.0%，五口之家占 10.0%，家庭构成以核心家庭为主。

（2）受教育程度高

在被调查者学历构成上，专科及以下教育程度的占被调查者人数的 42.0%，本科教育程度的占 51.6%，研究生及以上占 6.4%。

（3）职业类型

职业类型主要以政府机关管理者、企事业管理者和私营企业主为主，其中政府机关管理者、企事业管理者占被调查人数的 50.5%，私营企业主占 34.0%，商业、服务业人员占 9.5%，其他从业者占 6.0%。

（4）迁居历程和住房需求意愿

被调查者在嘉和苑社区平均居住时间为 8 年，其中居住 8 年以下的占 32.0%，8 年以上的占 68.0%。被调查者均表示其家庭发生过居住变迁，其中从老城区搬迁至此的占被调查中产家庭总数的 60.0%，从中心城区搬迁至此的占 30.0%，从郊区搬迁至此的被调查家庭占 10.0%。搬迁的原因主要是改善住房条件和居住环境。对于是否有意愿搬出现住社区，被调查者均表示从没想过搬出该社区。

（5）居住满意度高和社区归属感强烈

被调查者均表示对现住社区比较满意，满意的原因主要是包括离工作单位近、区位好、通勤出行方便及邻近亲戚朋友。被调查者对于嘉和苑有强烈归属感的占被调查者人数的 20.0%，一般归属感的占 80.0%。虽然强烈归属感的被调查者较少，但嘉和苑社区的区位优势及未来住房价值的升值潜力使其仍属于中产阶层偏爱的社区。

4.4.4 保利花园社区——增长型收入中产阶层聚居区

1. 基本特征

保利花园社区位于广州市海珠区工业大道中，是 20 世纪 90 年代建设的住宅小区，占地面积约 220 000m^2，总建筑面积约 500 000m^2，容积率为 2.27（图 4-12）。保利花园小区规划布局功能分区明确，充分配合原有的自然地形，形成既理性又

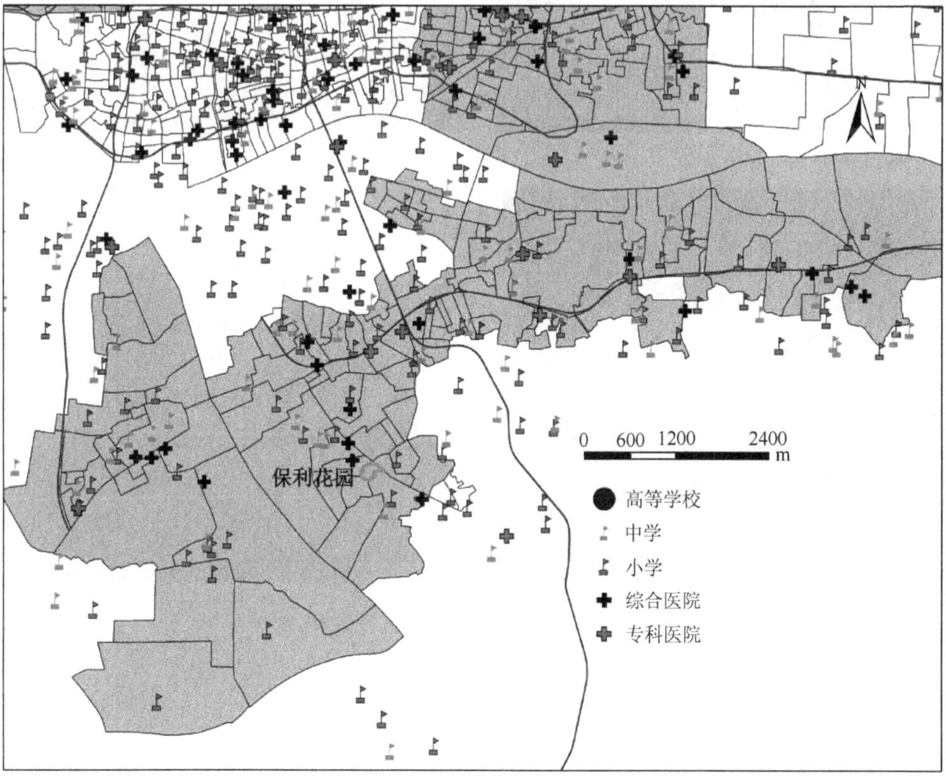

图 4-12 保利花园社区地理区位

比较活泼的向心式空间布局；设计强调小区楼宇之间的互动性和浑然一体的感觉，沿城市道路布置高层楼群及部分点式、拼联式小高层，建筑高低结合，整个小区舒适自然，建筑优雅现代，绿化率为38%。该社区内住房以2000年以来建设的住房为主，其中2000年以来新建住房占社区住房的87.28%，1990～1999年的住房占12.72%。社区内建筑类型主要有塔楼、小高层、高层和超高层。社区周边有培红小学、红棉小学，珠江医院、大型商场等，生活服务配套设施较为完善齐全（图4-13）。

图4-13　保利花园社区内部及周边环境

2. 社会特征

（1）家庭构成以核心家庭为主

被调查者户主平均年龄为42岁，家庭成员平均为3.1人/户。其中，三口之家占被调查中产家庭总数的90.0%，四口之家占10.0%。

（2）受教育程度高

被调查者学历构成上，本科占65.6%，专科及以下占27.8%，研究生及以上学历占6.6%。

（3）职业类型

职业类型主要以私营企业主和企事业管理者为主。其中，私营企业主占被调查者人数的30.0%，企事业管理者占29.0%，办事人员和有关人员占19.6%。

（4）迁居历程和住房需求意愿

被调查者在嘉和苑社区平均居住时间为9.7年，其中居住9年以下的人占被调查人数的40%，9年以上的人占60%。被调查者均表示其家庭发生过居住变迁，其中从老城区搬迁至此的占70.0%，从中心城区搬迁至此的占30.0%。搬迁的原因主要是为了改善住房条件。对于是否有意愿搬出现住社区，被调查者中80%的人表示从未想过搬出社区，20%的人表示合适时会迁出社区。

（5）居住满意度高和社区归属感一般

被调查者均表示对现住社区比较满意，满意的原因主要是包括生活便利，区位比较好，通勤出行方便。被调查者中对于保利花园有强烈归属感的人占31.5%，一般感觉的人占68.5%。

4.4.5 金桂园社区——衰减型混合中产阶层聚居区

1. 基本特征

金桂园社区地处繁华的白云区三元里桂花岗片区，是桂花岗片区最好的高档花园大型社区（图4-14）。该社区建设于2000年，占地面积为100 649m^2，建筑面积为310 000m^2，容积率为3.08，绿化率达40%。该社区内建筑类型主要包括塔楼和高层两种，住房多数是2000年以来新建的。该社区内生活服务配套设施完善，有地下车库、美容院、幼儿园、便利店等。社区周边有全国最大的皮具商业批发中心，租赁市场旺。周边配套设施完善，有广州市越秀外国语学校、广州市白云区金桂园小学、广州中医药大学、广州中医药大学第一附属医院等（图4-15）。在交通区位方面，邻近公交地铁站和广州火车站，交通出行便捷。

2. 社会特征

（1）家庭构成以核心家庭为主

被调查者户主平均年龄为43岁，家庭成员平均为3.7人/户。其中，三口之家占被调查中产家庭总数的87.5%，四口之家占12.5%。

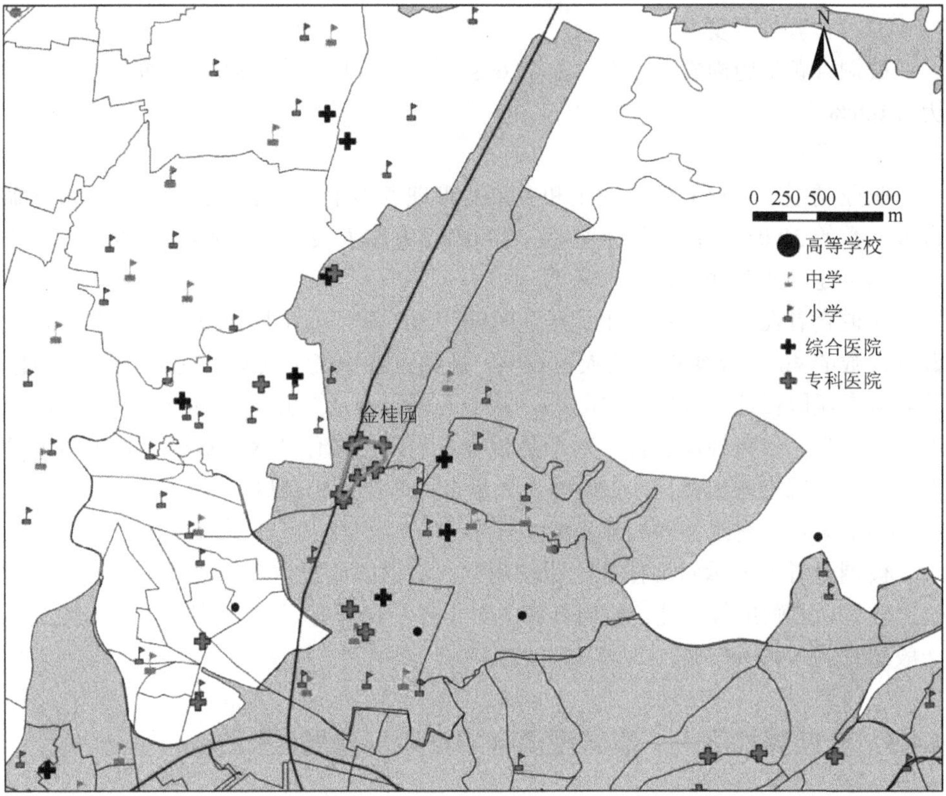

图 4-14　金桂园社区地理区位

图 4-15　金桂园社区内部及周边环境

（2）受教育程度一般

在被调查者受教育程度上，本科教育程度的占被调查者人数的 55.0%，专科及以下教育程度的占 42.5%，研究生及以上教育程度的占 2.5%。

（3）职业类型

职业类型主要以私营企业主和企事业管理者为主，其中私营企业主占被调查者人数的 43.8%，企事业管理者占 31.3%。

（4）迁居历程和住房需求意愿

被调查者在金桂园平均居住时间为 6.3 年，其中居住 6 年及以下的占被调查者人数的 68.8%，6 年以上的占 31.2%。被调查者均表示其家庭发生过居住变迁，其中从中心城区搬迁至此的占被调查者人数的 93.8%，从郊区搬迁至此的占 6.3%。搬迁的原因主要是改善住房条件和子女教育问题。对于是否有意愿搬出现住社区，30%的被调查者表示从未想过搬出社区，20%的被调查者考虑合适时会迁出社区，50%的被调查者表示比较想搬出社区。

（5）居住满意度一般和社区归属感一般

46.2%的被调查中产家庭表示对现住社区比较满意，满意的原因主要是包括生活便利，区位比较好，通勤出行方便。53.8%被调查中产家庭对金桂园社区不太满意，主要原因在于社区居民越来越混杂，小区周边环境开始变差。对于社区归属感，75.0%的被调查表示归属感一般，18.8%表示没有归属感，仅 6.3%表示有强烈的归属感。

4.5 转型期广州市中产阶层聚居区亚类地域类型演变机制

4.5.1 产业结构和产业人员的调整

1978 年以来的社会经济转型与中产阶层的出现和成长有着最直接与密切的联系，计划经济向市场经济转变是阶层关系和社会结构变动的一股推动力。根据丹尼尔·贝尔的“后工业化社会理论”对广州市城市社会发展阶段进行判断，改革开放以来，无论是广州市地区生产总值还是广州市人均地区生产总值均呈现不断上升的趋势（图 4-16）。从广州市 1978～2010 年三大产业比例变化来看（图 4-17），第二产业比例持续下降，第三产业比例稳步上升，反映了广州市产业由传统的工业化生产向服务性经济转变。根据第四章对广州市社会阶层变化分析，专业技术人员、商业、服务业人员比例增加，这种人群的扩大与生产性服务业有着最为直接的关系。

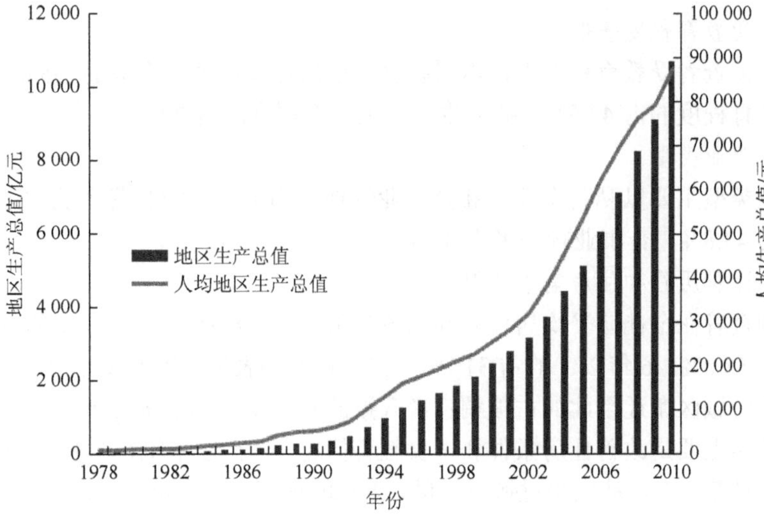

图 4-16　1978～2010 年广州市地区生产总值和人均地区生产总值

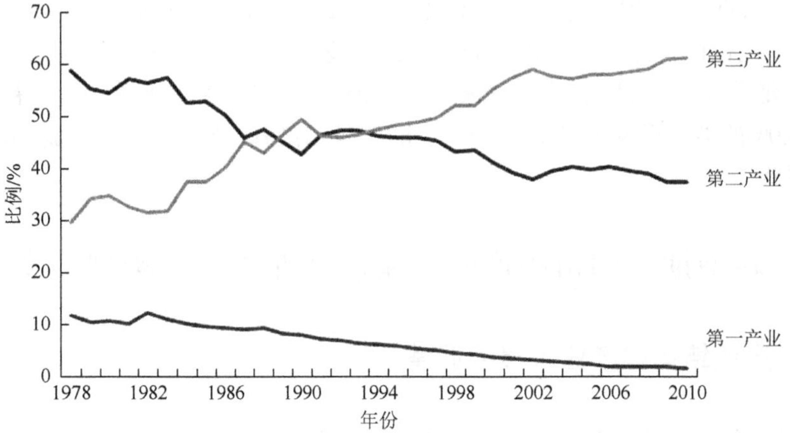

图 4-17　1978～2010 年广州市三大产业比例

由于产业结构的调整和升级，广州市三大产业从业人员比例发生巨大变化（图 4-18）。第二、第三产业从业人员大幅增加，第一产业从业人员大幅减少。产业结构的调整加剧社会职业的分化，加快财富、权力、声望的分离。同时，改革开放以来大量外来人口涌入广州，带来社会阶层属地性分化。从第二、第三产业从业人员空间分布看，第三产业从业人员城市中心指向性显著，区位熵值由中心城区逐渐向近远郊区衰减。同时，在近远郊区零星地出现集中度较高的街区。区位熵值较高的街区主要分布在石牌街、站前街、白云街、华乐街等中心城区街道，表明这些地区从事第三产业人口的集聚度高。东湖街、农林街、昌华街、多宝街、

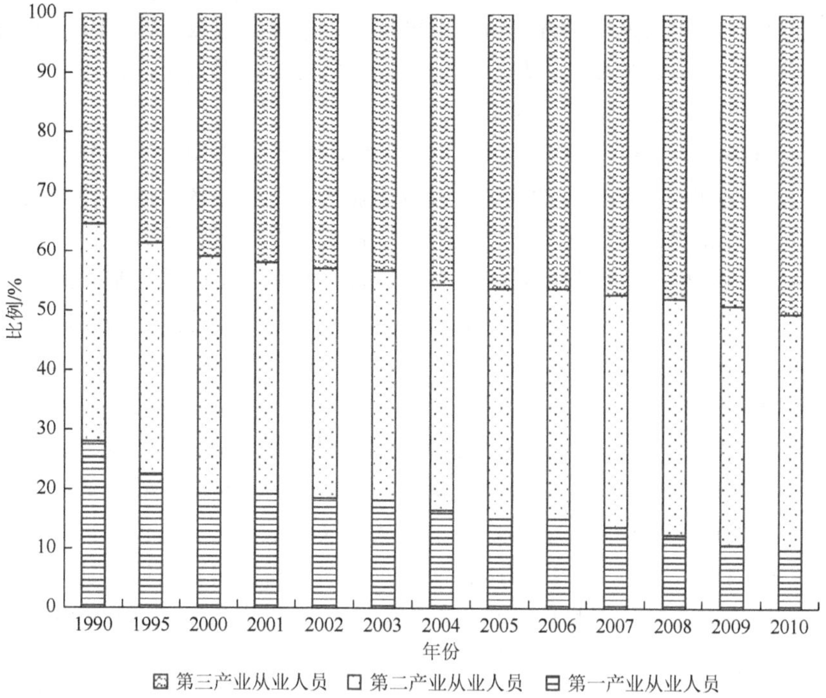

图 4-18 1990～2010 年广州市三大产业从业人员比例变化

数据来源：1991～2010 年广州统计年鉴。

岭南街等作为广州市传统的第三产业集聚区，仍然是广州市商业繁荣区域。以制造业和建筑业为主的第二产业空间分布呈现明显的郊区化趋势。

4.5.2 土地制度和住房制度的改革

土地和住房制度改革激活了城市房地产价值，为政府和企业进行城市经营和“空间生产”提供了必要的利益驱动。近年来，广州市城市商品房价格保持高速增长，而城市内城区一直占据着商品房价格的至高点，城市内城区与外围区的地租落差越来越明显。城市中心区的拥挤，昂贵的房价与有限的住房供应等限制因素，越来越无法满足日益壮大并不断分化的中产阶层住房需求。具有高消费水平的中产阶层倾向于生态化、优质化的居住环境，一些主张生活品位、文化偏好和阶层气质的城市居民寻求更高档次的生活质量。广州市近郊区大量高档封闭社区迅速崛起，逐渐成为中产阶层和富裕阶层新的聚居区。

城市中心城区高档小区的建设，新旧、贫富地区马赛克式的空间隔离交错并存的特征，新的空间秩序无论在居民构成还是空间意象上都表现出巨大的异质性，导致城市社会空间的碎片化特征与邻里级别的居住隔离现象。图 4-19 为笔者实地调研过程中拍摄的嘉和苑社区与其周边低档社区照片，验证了广州市存在大量这种马赛克式空间隔离交错并存的事实。

土地市场的建立使土地因地理区位、供求关系而出现不同的地价。广州市“退二进三”“腾笼换鸟”的政策的实施，以及老城区土地价格的上涨迫使老城区原有旧工厂外迁，商业、服务业和办公业等承受较高租金的行业逐渐入迁，使广州市老城区原有混合型的土地利用结构发生了显著的变化，有的逐渐成为商务、办公、金融服务等用地，有的则形成商住综合大楼，这类住宅标准高、价格贵。

从近几年广州市新建商品房价格来看，全市新建商品房平均价格以年均 23.9%的增速呈现稳步增长。从广州市各区新建商品房价格来看，作为广州市新 CBD 的天河区一直处于首位；其次是老城区的越秀区、荔湾区；再次是海珠区、白云区、番禺区、萝岗区、南沙区和花都区。单从年增长率来看，萝岗区作为广州市经济开发区，保持较高的年增长率。从各区存量住房交易价格，老城区存量住房价格一直飙升，相对于近郊区仍保持较高的交易价格。老城区荔湾区通过旧城改造，新建商品房价格也保持较快的增长。各区新建商品房价格的变动，反映了广州市房价的现状仍然是中心城区高、近郊区略低的结构。总体上老城区仍是高收入阶层的居住社区。同时，随着中心商务区功能的扩张，中心区地域范围不断扩展，周围原来环境较差的居住地段，也开始通过旧城改造逐渐演变为中高收入阶层的居住社区。中心城区的外围区域，随着城市不断向外扩展，城市土地功

图 4-19　广州市嘉和苑社区与周边住宅比较

能逐渐发生置换，土地性质发生结构性变化。一些污染严重、效益差的企业发生搬迁；一些企业与房地产开发公司合作，共同开发具有一定档次的商住综合大楼和新型住宅小区，主要面向中高收入阶层的服务需求。

从2006～2010年广州市各区新建商品房的价格变化来看（图4-20），各区新建商品房价格都呈现稳步增长态势，其中天河区新建商品房价格最高，越秀区、荔湾区、海珠区、番禺区、白云区、黄埔区、萝岗区、花都区次之，南沙区的新建商品房价格最低。从2006～2010年广州市各区新建商品房价格年增长率来看，萝岗区年增长率最高，为47.556%，番禺区（29.13%）、越秀区（28.88%）、荔湾区（28.12%）、天河区（26.07%）、海珠区（24.24%）、南沙区（23.64%）、黄埔区（22.11%）次之，年增长率最低的则是花都区（18.56%）。新建住房价格的走势不仅体现了区域经济水平的高低，从某种意义来说，城市房地产市场住房价格空间变化将在很大程度上暗示城市居住空间分异的发展趋势。

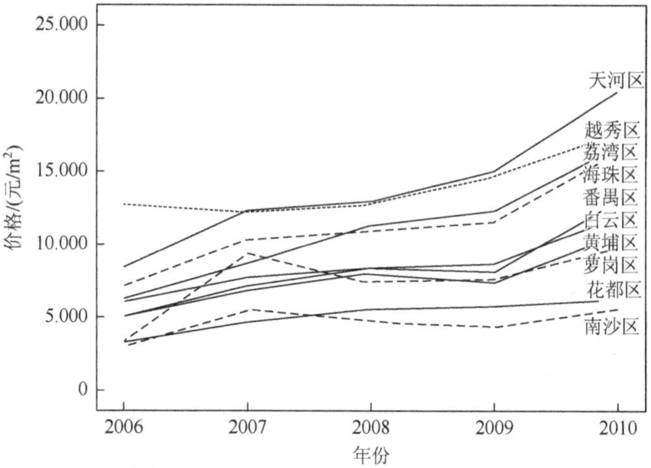

图4-20 2006～2010年广州市各区新建商品房的价格变化

数据来源：笔者根据阳光家缘网站公布各月数据计算得出。

广州市原东山区一带原是政府机关所在地，也是干部居住区；天河区的石牌街、五山街，海珠区的新港街既是高等院校等科研单位密集的区域，也是教职工聚居的区域。随着20世纪80年代末开始实行住房商品化、社会化的政策改革，单位住房被分解出来，传统的以单位大院为主的居住格局开始分化，中低收入阶层在住房市场中处于明显的弱势地位。为了满足中低收入家庭的住房需求，城市政府分别为具有本地户口的中等收入家庭和低收入家庭提供了主要包括经济适用房和廉租房的社会公房。低收入家庭的经济适用房供应体系和高收入家庭的商品房供应体系逐渐建立。在市场经济条件下，以住房市场需求为导向的住房市场分化是造成居住空间分异的主要原因。住房需求的阶层分化必然拉动住房供应的多样性，不同社会群体住房选择的差异导致居住空间的分异。

广州市规划和自金资源数据统计，从 2010 年广州市各区商品房成交量来看，海珠区、白云区、天河区成交量较大，这主要是受土地供应量的限制，造成新增供应量的减少，进而对成交面积有一定的限制，但由于其优越的地理位置和成熟的配套设施，造成老城区部分街道住房供不应求局面加剧。从各区商品房成交价格对比中可以看出，天河区均价突破 40 000 元/m^2，越秀区、荔湾区、海珠区等老城区新建商品住宅均价达到 27 000 元/m^2（图 4-21）。

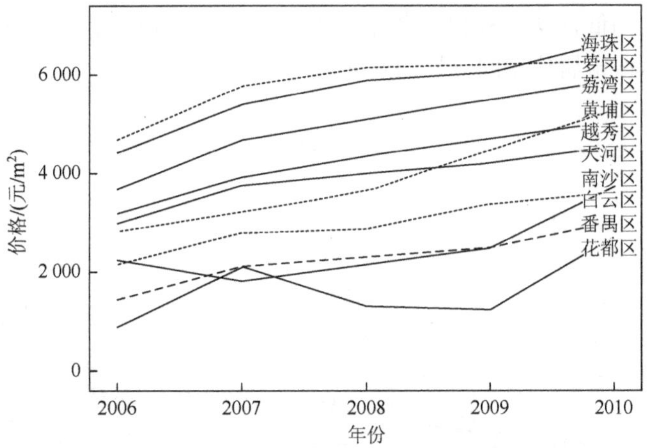

图 4-21　2006～2010 年广州市各区存量住房交易均价变化

数据来源：笔者根据阳关家缘网站数据整理计算得出。

运用 GIS 软件对广州市区 106 个街道内新建商品住宅网上签约均价进行分析（图 4-22），可知广州市中心城区的商品房价格在东西方向与南北方向都呈现出由中心向外围递减的趋势。广州市整体住房价格仍然是中心区偏高，城市外围区相对较低。住房价格的高低，能满足不同经济收入水平群体的需求。住房价格与经济水平的紧密挂钩使不同阶层选择不同区位成为现实。因此，面对广州市中心城区住宅的商品化和高昂房价，中产阶层在城市居住空间竞争中具有较强的择居能力，这在一定程度上也反映广州市中心城区内社会群体的阶层等级。另一方面，鉴于中心区外围和近郊区相对较低的地价，房地产商积极热衷于在地价低、环境良好、交通便捷的区域进行房地产开发。远离闹市区，选择较高生活质量的外围区成为中产阶层家庭居住的理想之地，在空间结构上则表现出中产阶层聚居区向外围扩散的迹象。

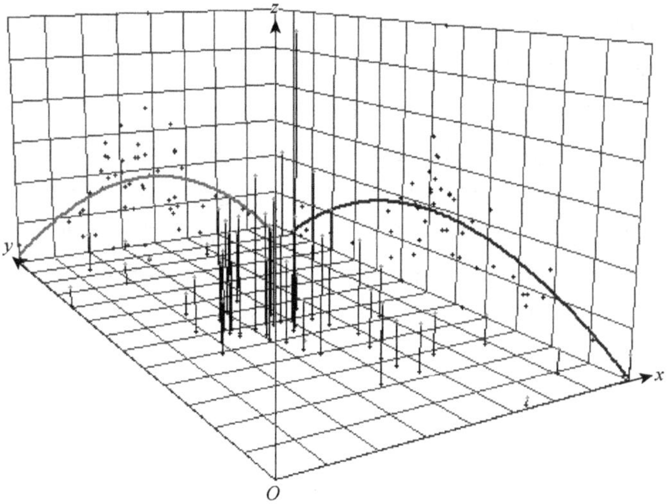

图 4-22 2010 年广州市新建商品住宅网签均价空间趋势分析

数据来源：笔者根据阳关家缘网站相关数据整理得出。

4.5.3 城市规划政策的引导

城市规划政策不仅对城市发展建设的总体布局起关键指导作用，对城市社区的分异也有着深远的影响。改革开放以来广州市历次城市规划对城市社会空间结构起着重大作用。

1984 年广州市第 14 次规划中，明确了“沿珠江向东至黄埔区发展”是主要发展方向，并明确了“三大带状组团”式布局：旧城区（含芳村区）、天河教科文化区、黄埔经济开发区。其中，旧城区是广州市政治、经济、文化和对外交流中心；天河区是以天河体育中心为中心设置文教、体育和科研单位，发展成为科教文化区，主要包括五山街、石牌街和员村街；黄埔经济开发区主要是结合广州经济技术开发区的发展建设，大力发展工业、仓储业等结合的综合工业园区。这一规划方案在形成天河区一带科技文教区与广州经济开发区起着决定性作用。

1991 年进行的广州市第 15 次城市规划中，明确城市发展的主要方向是“向北、向东和向南”发展，主要包括建设珠江新城，开发海珠区，扩大广州市经济技术开发区。整个城市形成中心组团、东翼组团和北翼组团的空间分布格局。

2000 年，《广州市城市总体发展战略规划》提出“南拓、北优、东进、西联”的空间发展战略，将城市拓展方面由北向东南转移，确立了珠江新城与新城市轴线的地位，使广州市发展方向发生战略转移，同时，提出华南板块将是广州新的房地产热点地区。

2007 年，在“南拓、北优、东进、西联”的基础上，广州市委市政府又提出增加“中调”战略。新的广州城市空间发展战略转型的序幕得以拉开，标志着广州未来城市空间发展模式将从外延式“拓展”转变为“内涵式”的“优化与提升”。中调的战略主要面向越秀区、荔湾区、海珠区、天河区和白云区南部地区，即广州中心城区。“调优”和“调高”是“中调”战略的核心内容。“调优”即调整优化产业结构、人均环境和公共服务。“调高”既要在有限的空间里实行以质取胜，靠高质量和高效率的服务功能，集聚高级化的生产力要素，打造精品城区。“中调”地区集聚和完善区域高端服务职能，强化城市核心服务功能，培育高端服务业增长空间。

受广州市历次城市规划的影响，广州市居住空间向外扩展主要集中在芳村区、天河区、黄埔区、白云区、海珠区西北部靠近老城区的位置，直接影响着广州市社区形成的基础。

4.6 小　　结

本章主要是从中观层面分析广州市中产阶层聚居区地域类型演变，首先对中产阶层聚居区内部亚类进行划分，并对其内部亚类变化特征进行分析；其次，根据各亚类中产阶层聚居区变化差异，提出广州市中产阶层聚居区亚类地域类型演变；最后，选取典型社区进行案例分析。本章得出的主要结论有以下几点。

①广州市中产阶层聚居区内可以细分为教育中产阶层聚居区、职业中产阶层聚居区、收入中产阶层聚居区和混合中产阶层聚居区四个亚类。通过对 2000 年和 2010 年四个亚类中产阶层聚居区内部类型变化，得出其呈现的变化特征：四个亚类中产聚居区所含街道数目都有所增加；各亚类中产阶层聚居区之间部分街道发生类型转换；发生类型转换的街道空间分布主要集中在中心城区和老城区。

②通过熵权法计算，将广州市四个亚类中产阶层聚居区地域类型演变分为强稳定型、弱稳定型、增长型和衰退型。其中，强稳定型主要包括教育中产阶层聚居区和职业中产阶层聚居区，空间分布主要集中在广州市中心城区的核心位置；弱稳定型主要包括收入中产阶层聚居区和混合中产阶层聚居区，空间分布整体呈现“环状”围绕在紧邻老城区的中心城区和郊区地带；增长型主要包括混合中产阶层聚居区和教育中产阶层聚居区；空间分布呈现“散点状”零星地集中分布在强稳定型和弱稳定型之间的珠江沿岸地区。衰减型主要包括混合中产阶层聚居区。为了进一步加深对中产阶层居住需求差异性和内在机制，选取最具代表性的 5 个典型社区，对这 5 个典型社区地理区位、建设年代等基本情况进行梳理，并结合各社区的调查问卷数据对该社区被调查中产家庭构成、受教育程度、迁居历程社区归属感和居住意愿等方面进行分析，试图进一步解释中产阶层聚居区内地域类型演变的形成机制。

③广州市中产阶层聚居区地域类型演变机制从宏观层面上可以归结为三个原因：一是广州市社会产业结构和产业人员的调整；二是土地制度和住房制度的改革；三是广州市相关城市规划政策的引导。

5　微观层面：广州市中产阶层居住差异分析

第 3 章和第 4 章分别从宏观层面和中观层面对广州市中产阶层聚居区空间分布及聚居区内部地域类型进行分析。本章重点从微观层面出发，在调查问卷的基础上，从居住现状、居住需求差异及其影响因素等方面分析广州市中产阶层家庭居住差异。

5.1　模型构建与变量选择

研究方法上，本书采取 Logistic 回归模型，该模型是针对二分类或多分类相应变量建立的回归模型，适用于因变量为分类变量的回归分析。

$$\log\left(\frac{P}{1-P}\right)=b_0+b_1*x_1+b_2*x_2+\cdots+b_i*x_i$$

式中，模型左侧为事件发生概率的自然对数值，P 为某事件发生变化的概率，b_0 为常数项，$b_1,\cdots,b_i$ 为回归系数。根据前面的研究综述，中产阶层聚居区的形成除了受城市转型与全球化、政府政策和规划导向的影响以外，中产阶层的个人情况、职业类型、家庭生命周期、生活方式等内在要素影响着中产阶层的居住选择，不同的居住选择直接影响着中产阶层聚居区的形成。因此，本书对中产阶层居住选择主要从居住需求方面进行考虑，将影响因素分为个人情况、职业类型、家庭生命周期三个特征，分别研究这三个方面对中产家庭居住需求分异的影响（表 5-1）。

表 5-1　评价指标及影响变量的选取

变量		变量类型	变量描述及赋值
个人情况	性别	定类变量	男 = 1，女 = 2
	户籍	定类变量	广州市户籍 = 1，非广州市户籍 = 0
	学历	定序变量	专科及以下 = 1，本科 = 2，研究生及以上 = 3
职业类型	就业	定类变量	在业 = 1，不在业 = 0
	职业	定类变量	政府机关管理者 = 1，企事业管理者 = 2，专业技术人员 = 3，办事人员和有关人员 = 4，私营企业主 = 5，商业、服务业人员 = 6，其他从业者 = 7
	通勤距离	定序变量	小于 10km = 0；10～20km = 1；20～30km = 2；大于 30km = 3

续表

变量		变量类型	变量描述及赋值
家庭生命周期	年龄	定序变量	30 岁及以下 = 1，31～40 岁 = 2，41～50 岁 = 3，51 岁及以上 = 4
	婚姻情况	定类变量	未婚 = 0，已婚 = 1
	子女数量	定序变量	无子女 = 0，1 个子女 = 1，2 个子女 = 2，3 个及以上子女 = 3
	家庭规模	定序变量	2 个人及以下 = 0，3 个人 = 1，4 个人及以上 = 2
居住变迁（上一居所情况）	是否搬过家	定类变量	搬过家 = 1，未搬过家 = 0
	住房区位	定类变量	老城区 = 0，中心城区 = 1，郊区 = 2，其他省市 = 3
	住房面积	定序变量	$90m^2$ 以下 = 1，91～$144m^2$ = 2，$145m^2$ 以上 = 3
	住房性质	定序变量	购买商品房 = 1，购买二手房 = 2，购买原公有住房 = 3，租房 = 4
	搬家时的年龄	定序变量	30 岁及以下 = 1，31～40 岁 = 2，41～50 岁 = 3，51 岁及以上 = 4
居住现状	住房数量	定序变量	1 套 = 1，2 套 = 2，3 套及以上 = 3
	住房年代	定序变量	1980 年以前 = 0，1981～1990 年 = 1，1991～2000 年 = 2，2001 年以后 = 3
	人均住房面积	定序变量	$33m^2$ 以下 = 0；34～$50m^2$ = 1，$51m^2$ 以上 = 2
	住房性质	定类变量	购买商品房 = 1，购买二手房 = 2，购买原公有住房 = 3，租房 = 4
	居住时间	定序变量	10 年以下 = 0，10 年及以上 = 1
住房需求	是否计划购房	定类变量	有购房计划 = 1，无购房计划 = 0
	购房时间	定类变量	1 年内 = 1，近期（1～5 年）= 2，远期（5 年以后）= 3
	购房区位	定类变量	老城区 = 0，中心城区 = 1，郊区 = 2，其他省市 = 3
	购房目的	定类变量	工作原因 = 1，改善居住质量 = 2，投资增值 = 3，身份地位 = 4
	购房面积	定类变量	$90m^2$ 以下 = 1，91～$144m^2$ = 2，$145m^2$ 以上 = 3
	购房影响因素	定类变量	升值潜力 = 1，生活配套设施 = 2，子女教育 = 3，出行交通 = 4，通勤便捷 = 5，邻里关系 = 6，绿化环境 = 7，治安管理 = 8

注：人均住房面积 = 住房面积/人数，人均住房面积赋值的划分标准是以样本总量人均住房面积的平均值 $33m^2$ 为标准，结合标准差 17 得出；居住时间界线是通过样本总量居住时间平均值为标准而定；最近一次搬家时的年龄 = 现在的年龄–现住小区时间。

5.2　中产阶层居住现状

5.2.1　住房面积与数目

中产阶层平均住房面积为 $114m^2$，平均拥有 2 套住房。在住房面积方面，被调查者内部存在较大差异(图 5-1)，最大住房面积为 $400m^2$，最小住房面积为 $50m^2$，住房面积中值为 $102m^2$，平均住房面积为 $114m^2$。在住房数量方面，在被调查者中，49.7%的被调查者表示有 2 套住房，35.9%的被调查者表示有 1 套住房，12.5%的被调查者表示有 3 套房，仅 1.7%的被调查者表示有 4 套及以上住房。中产阶层的多套住房为其居住空间的自由变动创造了条件。

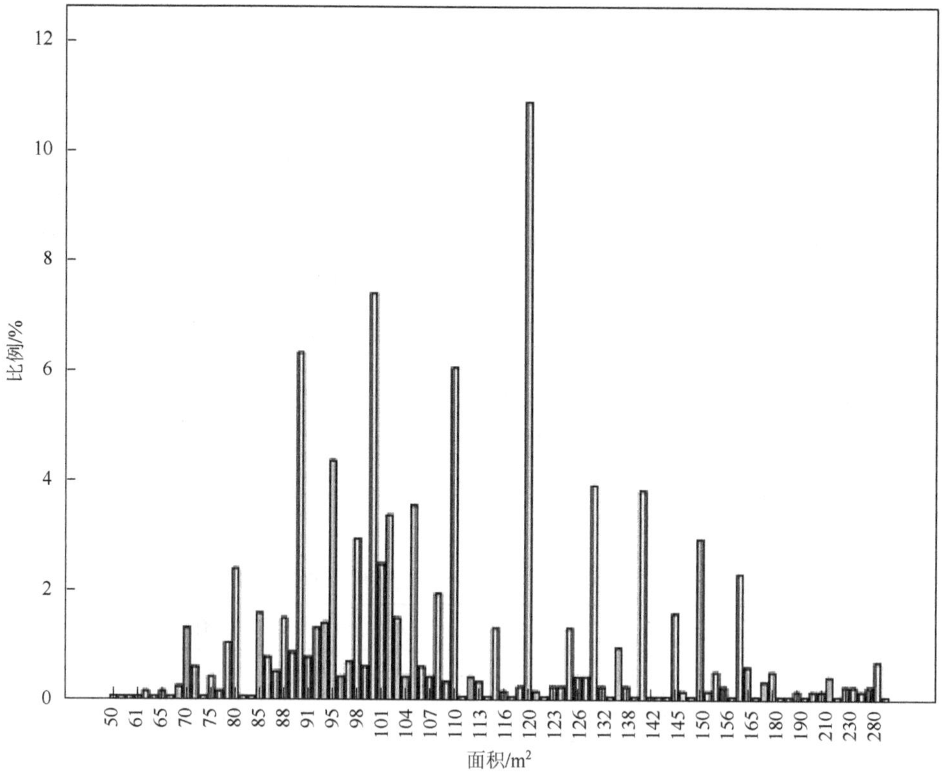

图 5-1 广州市中产阶层住房面积

数据来源：调查问卷。

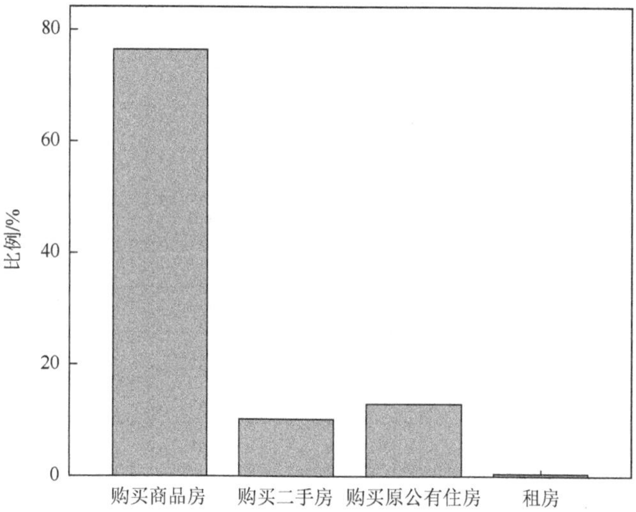

图 5-2 广州市中产阶层住房来源

数据来源：调查问卷。

5.2.2 住房来源

现住房来源以购买新建商品房为主。在现居住住房的来源方面(图 5-2),99.2%的被访中产家庭表示拥有住房产权,其中 76.5%的中产家庭住房来源为购买商品房,10.2%的被访中产家庭住房来源为购买二手房,13.1%的中产家庭住房来源为购买原公有住房,仅 0.2%的中产家庭住房来源为租房,每月平均租房费用为 4000 元。由此可见,购买新建商品房是广州市中产家庭主要的住房来源,购买原公有住房和购买二手房次之。

表 5-2 为不同职业类型中产阶层住房来源的比较,可以看出,被调查者中除了私营企业主和商业、服务业人员表现出以购买二手房为主要住房来源外,其他职业类型的中产阶层基本上都是以购买商品房和购买原公有住房为主。

表 5-2　不同职业类型中产阶层住房来源的比较

职业类型		购买商品房	购买二手房	购买原公有住房	租房	总计
政府机关管理者	计数/人	16	3	16	0	35
	现住房来源中的比例/%	1.9	2.6	11.0	0	3.1
企事业管理者	计数/人	266	29	58	0	353
	现住房来源中的比例/%	31.1	25.4	39.7	0	31.6
专业技术人员	计数/人	180	20	27	1	228
	现住房来源中的比例/%	21.1	17.5	18.5	50.0	20.5
办事人员和有关人员	计数/人	92	12	13	0	117
	现住房来源中的比例/%	10.8	10.5	8.9	0	10.5
私营企业主	计数/人	229	41	27	1	298
	现住房来源中的比例/%	26.8	36.0	18.5	50.0	26.7
商业、服务业人员	计数/人	64	9	4	0	77
	现住房来源中的比例/%	7.5	7.9	2.7	0	6.9
其他从业者	计数/人	7	0	1	0	8
	现住房来源中的比例/%	0.8	0	0.7	0	0.7
总计	计数/人	854	114	146	2	1116
	现住房来源中的比例/%	76.5	10.2	13.1	0.2	100

数据来源:调查问卷。

表 5-3 为中产阶层住房来源的转变，从表 5-3 可以看出，现住房为商品房的被调查者上一居所住房来源包括购买商品房、购买原公有住房和祖屋，三者分别占 29.0%、26.6%和 22.5%；现住房为二手房的被调查者上一居所住房来源主要是原住房为祖屋、租房和购买原公有住房，三者分别占 32.1%、20.5%和 20.5%；现住房为原公有住房的被调查者上一居所住房来源主要是祖屋和购买原公有住房，二者分别占 44.8%和 19.6%。总的来说，广州市中产阶层家庭在选择住房时仍比较倾向于购买新建商品住房和原公有住房。

表 5-3 中产阶层住房来源的转变

现住房来源 \ 上一居所住房来源		购买商品房	购买二手房	购买原公有住房	租房	祖屋	其他	总计
购买商品房	计数/人	244	123	224	50	189	11	841
	占现住房性质比例/%	29.0	14.6	26.6	6.0	22.5	1.3	100
购买二手房	计数/人	21	7	23	23	36	2	112
	占现住房性质比例/%	18.8	6.3	20.5	20.5	32.1	1.8	100
购买原公有住房	计数/人	24	10	28	13	64	4	143
	占现住房性质比例/%	16.8	7.0	19.6	9.1	44.7	2.8	100
租房	计数/人	1	0	0	1	0	0	2
	占现住房性质比例/%	50.0	0	0	50.0	0	0	100
总计	计数/人	290	140	275	87	289	17	1098
	占现住房性质比例/%	26.4	12.8	25.0	8.0	26.3	1.5	100

数据来源：调查问卷。

5.2.3 居住区位的空间变动

居住区位的空间变动多集中在同一圈层内。在被调查者中，有过搬迁行为，即居住区位发生空间变动的共计 1098 个样本量，占样本总量的 98.4%，只有 1.6%的被调查者表示从未发生过居住变迁行为。本书将上一居所视为迁出地，现居住地为迁入地，根据前面对广州市圈层结构的划分，得出不同圈层间居住区位的空间变动情况（表 5-4）。

以迁出地来看：①376 个被调查者表示其上一居所位于老城区，其中 13.0%的被调查者表示迁入老城区，83.5%的被调查者迁入中心城区，3.5%的被调查者表示迁入郊区；②480 个被调查者表示其上一居所位于中心城区，其中迁至中心城区的被调查者占 80.0%，迁至老城区的被调查者占 11.2%，迁至郊区的被调查者仅占 8.8%；③197 个被调查者表示其上一居所为郊区，其中在郊区之间进行区位变迁的被调查者占 47.7%，搬至中心城区的被调查者占 46.2%，搬至老城区的被调查者仅占 6.1%；④45 个被调查者表示上一居所为广州市外其他市县，其中迁至中心城区的被调查者占 75.6%，搬迁至郊区的被调查者占 20.0%，4.4%的被调查者表示搬迁至老城区。从总体上来说，广州市中产阶层家庭居住空间变动呈现出城市化与郊区化并存，其居住选择更加倾向于在同一圈层内进行居住区位的空间变动，跨圈层间发生居住变迁的比例较小。

表 5-4　中产阶层现居住区位的空间变动

迁入地＼迁出地		老城区	中心城区	郊区	其他市县	总计
老城区	计数/人	49	54	12	2	117
	比例/%	13.0	11.2	6.1	4.4	10.6
中心城区	计数/人	314	384	91	34	823
	比例/%	83.5	80.0	46.2	75.6	75.0
郊区	计数/人	13	42	94	9	158
	比例/%	3.5	8.8	47.7	20.0	14.4
总计	计数/人	376	480	197	45	1098
	比例/%	100	100	100	100	100

数据来源：调查问卷。

广州市中产阶层发生居住空间变动的原因主要集中在改善居住条件、改善住房环境和工作变动。其中，为了改善居住条件而发生空间变动的占总数的 35.2%；为了改善住房环境而发生空间变动的占总数的 31.2%；因为工作变动而发生空间变动的占总数的 33.6%。

5.3　中产阶层居住需求差异

5.3.1　住房需求差异

关于未来购房计划，44.6%的被调查者，即 498 个中产阶层家庭表示有购置新住房的计划。

在计划购房时间上，50.0%的计划购房者表示近期（1～5 年）会考虑购房，45.8%

的计划购房者表示远期（5 年以后）会考虑购房，仅 4.2%的计划购房者表示 1 年内考虑购房。

在购置新房面积方面，61.7%的被调查者计划购置 91～144m^2 的住房，36.1%的被调查者表示计划购置 145m^2 以上的住房，仅有 2.2%的被调查者计划购置 90m^2 以下的住房。

在购置新房类型方面，85.1%的被调查者表示计划购置 9 层以上的建筑类型，10.7%的被调查者表示计划购置别墅，4.2%的被调查者表示计划购置 9 层以下的建筑类型。

在购置房目的方面（图 5-3），47.0%的被调查者表示主要目的是改善居住质量，27.6%的被调查者表示为了投资，11.8%的被调查者表示出于夫妻任意一方的工作原因，8.2%的被调查者表示是为子女提供更好的生活成长环境，仅有 5.4%的被调查者表示为了体现社会地位。

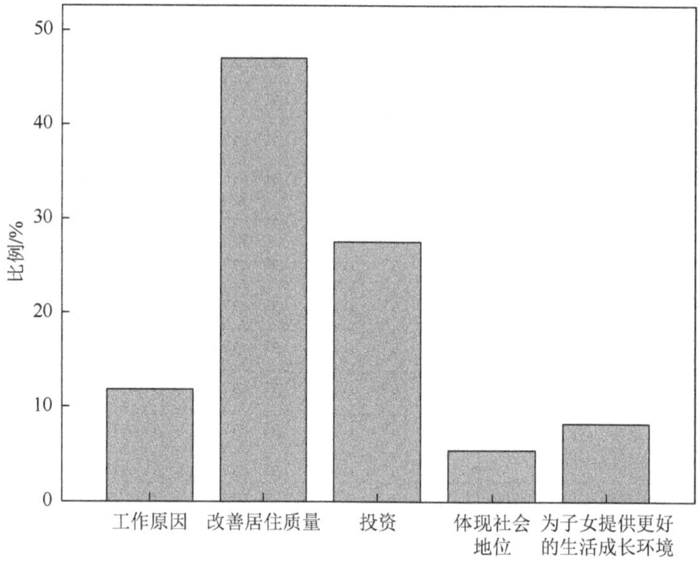

图 5-3 中产阶层购置新房的主要目的

5.3.2 住房区位选择差异

住房区位选择上，55.2%的被调查者将未来住房区位选择在中心城区，23.3%的被调查者将未来住房区位选择在郊区，21.5%的被调查者选择在老城区。表 5-5 为中产阶层现住房区位与未来住房区位选择差异的比较，以现居住区位为参照，其中居住在老城区的 63.0%的被调查者表示未来会考虑居住在中心城区，25.9%的被调查者表示未来会选择在郊区，11.1%的被调查者表示将继续选择在老城区。现居住在中心城区的被调查者中，57.2%的被调查者表示未来购房会选择在中心城区，24.9%的被调查者表示未来会选择在老城区，17.9%的被调查者表示会选择在郊区。现居住在郊区的被调查者，59.3%的被调查者表示未来住房仍选择在郊区，33.3%的被调查者表示会考虑选择在中心城区，7.4%的被调查者表示会考虑选择在老城区。不同区位圈层的差异反映了相邻圈层之间的流动性差异，具体表现为中心城区与老城区及中心城区与郊区之间流动性较强，而老城区与郊区间的流动性较弱。总的来说，广州市中产阶层住房区位选择仍表现出明显的“中心城区”集聚性。

表 5-5　中产阶层现住房区位与未来住房区位选择差异的比较

现居住区位 \ 计划选择居住区位		老城区	中心城区	郊区	总计
老城区	计数/人	6	34	14	54
	占现住区位中的比例/%	11.1	63.0	25.9	100
	占计划选择居住区位中的比例/%	5.6	12.4	12.1	10.8
中心城区	计数/人	97	223	70	390
	占现住区位中的比例/%	24.9	57.2	17.9	100
	占计划选择居住区位中的比例/%	90.7	81.1	60.3	78.4
郊区	计数/人	4	18	32	54
	占现住区位中的比例/%	7.4	33.3	59.3	100
	占计划选择居住区位中的比例/%	3.7	6.5	27.6	10.8
总计	计数/人	107	275	116	498
	占现住区位中的比例/%	21.5	55.2	23.3	100
	占计划选择区位中的比例/%	100	100	100	100

数据来源：调查问卷。

5.3.3　住房选择影响因素

影响中产阶层购房选择的三个主要影响因素，按其重要性从高到低，分别为升值潜力、生活配套设施、出行交通（图 5-4）。首先升值潜力是影响购房选择的主要因素，其次是生活配套设施是否健全，最后是出行交通是否便捷。

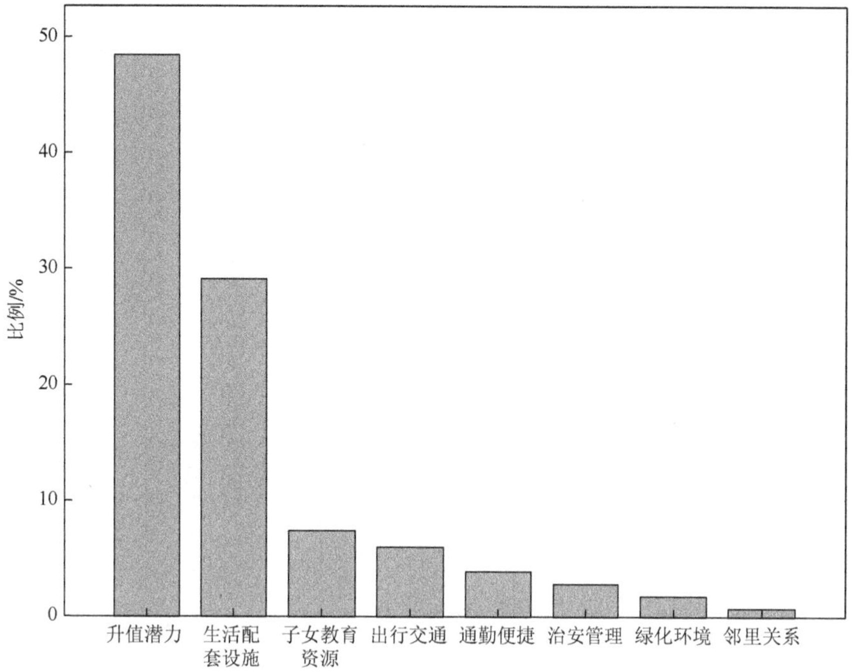

(a) 第一影响要素

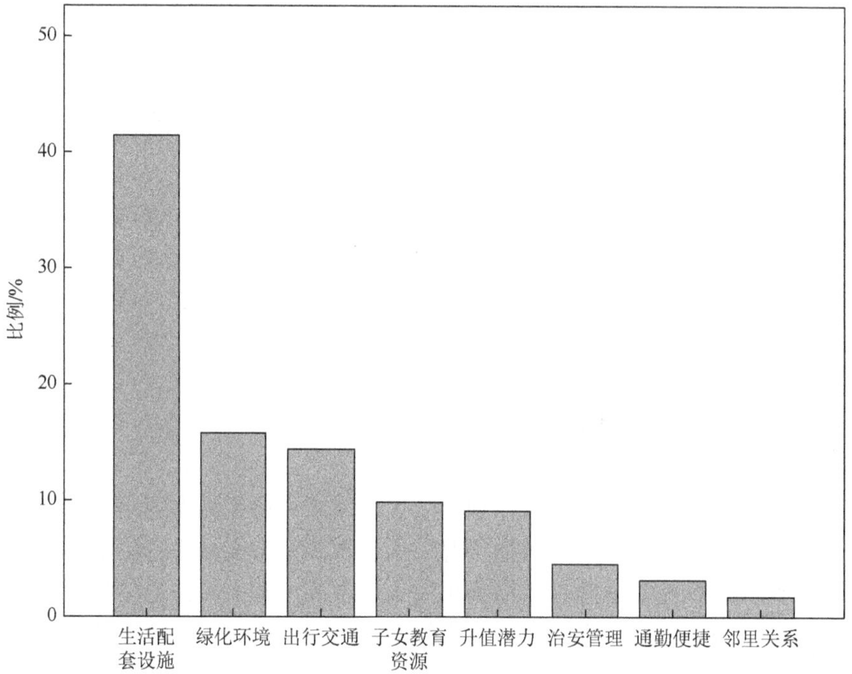

(b) 第二影响要素

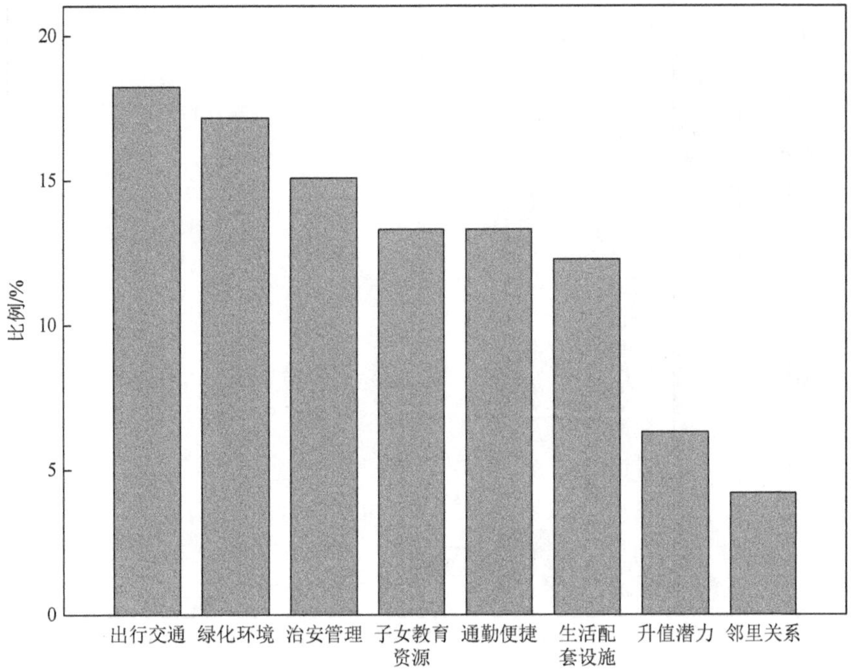

(c) 第三影响因素

图 5-4　影响中产阶层购房选择的三个主要影响因素

数据来源：调查问卷。

5.4　中产阶层居住需求差异影响因素分析

对于中产阶层的居住需求主要是从住房需求意愿、住房区位选择和住房面积需求三个方面进行模型构建。其中，住房需求意愿主要包括有计划购房和没有计划购房；住房区位选择类型包括老城区、中心城区和郊区三类；住房面积类型包括 90m^2 以下、91～144m^2 和 145m^2 以上三类。

5.4.1　住房需求意愿选择的影响因素

在模型构建中，将没有购房计划即无住房需求意愿作为参照组，选取住房区位、住房年代、年龄、性别、婚姻状况、通勤距离等自变量进行影响因素回归分析。为了避免解释变量之间存在精确相关关系或高度相关关系而使模型估计失真或难以估计准确，本书首先对自变量进行共线性检验，剔除高度相关的变量。剔除后的自变量再经过 SPSS 回归分析中容许度和方差膨胀因子的检验，最终确定 Logistic 回归模型适用于本书。在进行二元 Logistic 回归分析时，采用向前条件法进行模型估计，并进行 Hosmer-Lemeshow 检验，卡方为 10.392，自由度为 8，显著系数为 0.239，即模型拟合度很好，意味着可以接受这一拟合模型，具体的回归分析结果见表 5-6。

表 5-6 住房需求意愿影响模型参数估计

		B	*S.E.*	*Wals*	*df*	Sig.	Exp（*B*）
步骤 1	住房区位	—	—	16.162	2	0.000	—
	住房区位（1）	0.668	0.277	5.793	1	**0.016**	1.950
	住房区位（2）	0.820	0.204	16.140	1	**0.000**	2.270
	住房年代	0.007	0.011	0.364	1	**0.046**	1.007
	年龄	−0.409	0.179	5.221	1	**0.022**	1.014
	家庭年均总收入	−0.562	0.166	11.490	1	**0.001**	0.570
	个人年均总收入	0.330	0.114	8.384	1	**0.004**	1.391
	性别	0.007	0.140	0.003	1	0.959	1.007
	婚姻状况	−0.546	0.362	2.269	1	0.132	0.579
	家庭规模	−0.509	0.196	6.725	1	**0.010**	1.601
	子女数量	−0.673	0.273	6.089	1	**0.014**	1.510
	私家车数量	0.479	0.115	17.379	1	**0.000**	1.615
	私家车最高价位	−0.004	0.006	0.514	1	0.473	0.996
	户籍	−0.093	0.291	0.102	1	0.750	0.911
	学历	−0.242	0.129	3.533	1	0.060	0.785
	个人就业情况	0.685	0.319	4.615	1	0.132	1.984
	职业类型	0.067	0.045	2.204	1	0.138	1.069
	通勤距离	0.020	0.011	3.200	1	0.074	1.020
	通勤时间	−0.004	0.007	0.293	1	0.588	0.996
	人均住房面积	−0.022	0.007	9.125	1	**0.003**	0.978
	居住时间	−0.033	0.015	5.095	1	**0.024**	0.968
	常量	−11.502	22.352	0.265	1	0.607	0.000

注：*B* 代表回归系数，*S.E.*代表标准差，*Wals* 代表 X^2 统计量，Sig.代表显著性水平，Exp(*B*)代表发生比。

从表 5-6 中可以发现，年龄、性别、婚姻状况、子女数量、私家车最高价位、户籍、学历、职业类型、个人就业情况、通勤距离、通勤时间等变量在 95%的置信度水平下对住房需求意愿的影响不显著。住房区位、住房年代、家庭年均总收入、个人年均总收入、家庭规模、私家车数量、人均住房面积、居住时间等变量对有购房需求意愿的影响显著。

住房区位对住房需求意愿具有显著影响。以郊区为参照，居住在老城区的中产阶层的住房需求意愿是郊区中产阶层的住房需求意愿的 1.950 倍；居住在中心城区的中产阶层的住房需求是郊区中产阶层住房需求意愿的 2.270 倍。这也意味着老城区和中心城区中产阶层比郊区中产阶层更具有购置新房的意愿。

住房年代对于住房需求意愿有显著影响。相对于新建住宅社区，老住宅小区内中产阶层有购房意愿的概率是新建住宅小区的 1.007 倍。虽然从数值上相差并不是很大，但结合访谈发现：居住在老住宅小区，尤其是环境欠佳的老住宅小区的中产阶层，其住房需求意愿强于新建住宅小区的中产阶层。

年龄、家庭规模和子女数量对于住房需求意愿有显著影响。年龄每增长 1 岁，其有住房需求意愿的发生率为无住房需求意愿的 1.014 倍；家庭规模每增加 1 个，住房需求意愿的发生率增加 1.601 倍；子女数量每增加 1 个，住房需求意愿的发生率增加 1.510 倍。即随着年龄的增长，家庭规模的扩大，子女数量的增多，住房需求意愿就越强烈，购房行为发生率增大。

私家车数量对于住房需求意愿有显著影响。在其他变量不变的情况下，拥有私家车的中产家庭的购房意愿是无私家车的中产家庭的 1.615 倍。私家车的拥有量决定了住房区位变动的灵活性。

从数值上来看，人均住房面积和居住时间对住房需求意愿有显著影响。但从发生比来看，人均住房面积每增加 $1m^2$，住房需求意愿强度就会增加 0.978 倍；居住时间长的中产阶层的住房需求意愿是居住时间短的 0.968 倍。这意味着在其他变量不变的前提下，人均住房面积越大，居住时间越长，其住房需求意愿基本上没有发生变化，即有影响，但影响不大。

关于是否愿意搬去郊区居住方面，我现在主要是考虑到父母年纪大，孩子还在上初中，自身的业务集中在海珠区这边，亲朋好友也主要在这边，没有意愿搬到郊区住。

——SJQY02（男，49）

5.4.2 住房区位选择的影响因素

住房区位选择分为老城区、中心城区和郊区三类，将其作为多元 Logistic 模型的因变量，将可能对住房区位产生影响的性别、年龄、婚姻状况、家庭规模、子女数量、户籍、学历、职业类型、通勤距离、通勤时间等指标设为自变量，分析这些自变量对住房区位选择是否存在显著影响。根据住房区位选择模型自变量似然比检验得出，家庭年均总收入、性别、年龄、家庭规模、户籍、学历和通勤距离对住房区位选择有显著影响（表 5-7）。

表 5-7 住房区位选择模型自变量似然比检验

效应	模型拟合标准	似然比检验		
	简化后的模型的−2 倍对数似然值	*wals*	*df*	显著水平
截距	614.822a	0.000	0	.
性别	619.691	4.869	2	0.048
家庭年均总收入	628.662	13.839	6	0.031
个人年均总收入	624.916	10.094	10	0.432
年龄	645.898	31.075	6	0.000
婚姻状况	615.701	0.878	2	0.645
家庭规模	626.088	11.265	4	0.024
户籍	633.828	19.006	2	0.000
学历	634.747	19.924	4	0.001
通勤距离	631.598	16.776	8	0.033

根据表 5-7 住房区位选择模型自变量似然比检验的显著水平，将对住房区位选择影响因素不显著的自变量剔除，最终得到住房区位选择影响模型参数估计（表 5-8）。

表 5-8 住房区位选择影响模型参数估计

购房区位[a]		*B*	*S.E.*	*wals*	*df*	Sig.	Exp(*B*)
0 老城区	截距	2.035	9472.303	0.000	1	1.000	
	女性	0.658	0.326	4.069	1	**0.044**	1.932
	男性	0^b	—	—	0	—	—
	30 岁以下	−1.931	0.849	5.176	1	**0.023**	0.145
	31～40 岁	−2.162	0.635	11.597	1	**0.001**	0.115
	41～50 岁	−0.982	0.628	2.447	1	0.118	0.374
	51 岁及以上	0^b	—	—	0	—	—
	家庭年均总收入＜40 万元	2.260	1.039	4.732	1	**0.030**	9.578
	家庭年均总收入 40 万～＜80 万元	1.393	0.888	2.460	1	0.117	4.028
	家庭年均总收入 200 万元以上	0^b	—	—	0	—	—
	家庭规模 2 人及以下	0.434	0.678	0.410	1	0.522	1.544
	家庭规模 3 个人	−0.351	0.337	1.085	1	0.298	0.704
	家庭规模 4 个人及以上	0^b	—	—	0	—	—
	非广州市户籍	−0.140	0.512	0.075	1	0.785	0.870

续表

购房区位[a]		*B*	*S.E.*	*wals*	*df*	Sig.	Exp(*B*)
0 老城区	广州市户籍	0[b]	—	—	0	—	—
	专科及以下学历	–2.070	0.706	8.593	1	**0.003**	0.126
	本科学历	–1.709	0.592	8.345	1	**0.004**	0.181
	研究生及以上学历	0[b]	—	—	0	—	—
	通勤距离小于 10km	1.777	1.513	1.378	1	0.240	5.911
	通勤距离 10～<20km	0.497	1.080	0.212	1	0.645	1.644
	通勤距离 20～<30km	2.080	1.169	3.166	1	0.075	8.005
	通勤距离 30km 以上	0[b]	—	—	0	—	—
1 中心城区	截距	19.397	1.821	113.474	1	**0.000**	
	女	0.270	0.320	0.709	1	0.400	1.309
	男	0[b]	—	—	0	—	—
	30 岁及以下	–0.289	0.851	0.115	1	0.734	0.749
	31～40 岁	–0.641	0.659	0.949	1	0.330	0.527
	41～50 岁	–0.381	0.653	0.339	1	0.560	0.683
	51 岁及以上	0[b]	—	—	0	—	—
	家庭年均总收入<40 万元	1.084	1.055	1.054	1	**0.041**	2.956
	家庭年均总收入 40 万～<80 万元	1.281	0.889	2.079	1	0.149	3.601
	家庭年均总收入 80 万～<200 万元	0.522	0.887	0.346	1	0.557	1.685
	家庭年均总收入 200 万元以上	0[b]	—	—	0	—	—
	家庭规模 2 人及以下	0.133	0.723	0.034	1	0.854	1.142
	家庭规模 3 个人	0.364	0.337	1.165	1	0.280	1.439
	家庭规模 4 个人及以上	0[b]	—	—	0	—	—
	非广州市户籍	–2.672	0.849	9.910	1	**0.002**	0.069
	广州市户籍	0[b]	—	—	0	—	—
	专科及以下学历	–1.045	0.699	2.236	1	0.135	0.352
	本科学历	–1.543	0.583	6.991	1	**0.008**	0.214
	研究生及以上学历	0[b]	—	—	0	—	—
	通勤距离小于 10km	2.767	1.563	3.133	1	**0.017**	5.918
	通勤距离 10～<20km	1.250	1.136	1.210	1	0.271	3.490
	通勤距离 20～<30km	1.324	1.255	1.113	1	0.291	3.758
	通勤距离 30km 以上	0[b]	—	—	0	—	—

注：a. 参考类别是郊区；b. 因为此参数冗余，所以将其设为零。

性别对住房区位选择有显著影响。以男性为参照，女性在进行居住区位选择时，选择老城区的可能性是选择郊区的 1.932 倍，也就是说，在老城区与郊区之间进行住房选择时，女性更加倾向于老城区。而性别在老城区和中心城区之间进行居住区位选择时并没有产生显著影响。

年龄对住房区位选择有显著影响。以 40 岁及以下的中产阶层为参照，年龄 40 岁以上的中产阶层住房区位更倾向于郊区。但在中心城区和郊区之间进行住房选择时，年龄并没有呈现出明显的显著影响。

受教育程度对住房区位选择呈现一定影响。无论是从选择老城区还是郊区，或者选择中心城区还是郊区，本科学历以下的住房区位选择郊区的显著性明显。

家庭年均总收入对住房区位选择有显著影响。家庭年总收入 40 万元以下的家庭居住区位选择老城区的可能性是选择郊区的可能性的 9.578 倍，选择中心城区的可能性是选择郊区的可能性的 2.956 倍，其他收入的家庭则没有呈现出显著的差异。

家庭规模对总体模型有显著影响，但是在进行老城区/郊区和中心城区/郊区之间居住区位选择模型中并没有表现出显著影响。在实际的深度访谈过程中，被调查者在进行家庭居住区位选择时，其家庭成员的改变是影响其居住区位选择的重要因素之一。

今年小孩考上了大学，家里就剩我和妻子两人，我们计划年底就搬到新家去住，那个时候住在中大社区完全是为了小孩上学方便，本身离工作单位也比较近。但是现在不需要考虑孩子的上学问题，我们就直接搬到郊区的一所住宅去住，那边环境更好，生活质量比这边高很多。至于通勤时间什么的，这个不是很大的问题。

——ZYJS03（男，50 岁）

户籍对住房区位选择有显著影响，而这种影响主要体现在选择中心城区和选择郊区之间。以广州市户籍为参照，非广州市户籍的中产阶层住房区位选择中心城区和选择郊区的发生比是 0.069，也就是说，非广州市户籍中产阶层在住房区位选择时更可能选择郊区。虽然从发生比来看相差不大，但这一点笔者在深度访谈时也得到验证。

我来广州工作 20 多年了，在住房选择上，我们这些外来的人跟广州本地人考虑的不一样，比如我周边的朋友、同事，是广州人的，选购住房的时候很多会考虑公公婆婆这块，这样照顾老人会比较方便。此外他们的朋友圈、社交圈大多在市中心，因此住房选择也是更加倾向于市中心区，不愿意去郊区购房。我的话，因为父母不在身边，所以选择购房时无须考虑父母。孩子上大学之前，我们住在市中心；现在孩子上了大学，市中心的房子用来出租，我们就搬到了郊区的房子去住。生活质量、居住环境比市中心好很多。

——JGGL02（女，45 岁）

选房肯定要选在市中心，我们原先一直住在白云区，现在公司开在越秀区这边，所以就在 2008 年买了单位附近的新建商品房，这个小区就是当时旧城改造时新建的，上下班方便；亲戚朋友都在越秀区这边，每逢节假日，亲戚朋友聚餐很方便，很热闹；而且离公公婆婆比较近，看护双方父母比较方便。郊区是不会考虑的，主要原因还是交通不便，从郊区到市中心堵车问题太严重，受不了。

——SJQY02（女，35）

从小到大我都是居住在荔湾区，结婚后买房买到了海珠区，已经住了将近 10 年。工作在北京路。当初买房是因为荔湾区住房质量不高、拥挤、嘈杂。保利的住房质量比较高，绿化环境也比较好，小孩上学也比较方面。如果再搬迁的话，就是等小孩上大学后，还是会选择搬回荔湾，荔湾区现在也还有新建住房，而且主要还是各种社会关系和亲戚朋友等社会生活圈子都在荔湾区，也比较喜欢这种生活状态，不想往外搬，也不会考虑往番禺、萝岗那边迁，太远。

——SYFW02（女，35）

我自小在大新东路谢恩里公租房里长大，当时住房才 $10m^2$ 左右。第一次搬家是搬入父亲单位的房改房，面积 $60m^2$ 左右。2009 年结婚后，购买光大花园的商品房，$105m^2$，一直居住到现在。目前对光大花园的居住环境、交通设施等较为满意。未来如果搬家，多倾向于市中心。跟我目前社会地位差不多的朋友，他们大多也是广州人，据我了解，大多数还是更加倾向于市中心的，因为朋友圈子都在市中心，工作交流都比较方便。

——GQGG02（男，36）

因此可见，“亲情地缘”对于不同户籍的中产家庭住房区位选择具有重要影响。尤其是对广州市本地中产阶层，他们大多数是因为地缘、亲缘等因素而形成内部集聚性，体现在居住区位选择上就表现出空间择居上的相似性和趋同性。正是这些个体因素成为广州市中产阶层聚居区内在的形成机制，是内在分异的一种外在体现。

此外，通勤距离对居住区位选择有显著影响。尤其是在中心城区和郊区之间进行住房选择时，通勤距离在 10km 以内的中产阶层选择中心城区的可能性是郊区的 5.918 倍。

如果再购房的话，具体选在哪个区我主要还是看通勤时间；如果住在郊区，通勤时间能够控制在 1 小时以内的话，还有可能会考虑郊区；否则的话，不会考虑住在郊区。

——GQGG01（男，36 岁）

刚来广州时在单位附近租房。2006 年结婚，在白云区购买新房，面积有 $130m^2$，当时主要是看中小区周边的环境和住房价格，而且日常上下班开车差不多半个小时，上下班时间还是能接受的。受住房政策的影响，目前没有购房计划，如果购房的话，我就会选择市中心，毕竟市中心的相关配套设施还是比外围街区成熟的。

——SYFW03（男，38 岁）

虽然模型中没有体现出子女数量对住房区位选择的显著影响，但实际上，子女教育问题对部分中产家庭区位选择仍有一定的影响。这种影响主要体现在：一旦中产阶层家庭有了孩子，子女教育便提前纳入家庭住房区位选择的计划当中，如何为子女谋求良好的教育，是大多数中产家庭考虑的首要问题。尤其是子女处于小学教育阶段的中产家庭更加倾向于优势教育资源相对集中的老城区或中心城区。随着子女的成长，逐渐迈入职业教育阶段或高等教育阶段，子女教育不再成为中产阶层家庭住房区位选择的首要因素，追求高品质的生活成为影响其住房区位选择的主要因素，这一阶段大部分中产阶层的住房区位选择更加倾向于交通便捷、生态环境良好的郊区。

我们家有购房计划啊，现在孩子还小，没到上学的年龄，现在就在海珠区这边看房，主要考虑房子要离小孩上学的学校越近越好，其他因素不是很重要。

——SYQY04（男，45 岁）

原来是考虑孩子的教育问题才住在这边，现在孩子长大了，我们就不需要考虑孩子的教育问题，改善生活质量是我们现在搬离市中心的主要原因。

——ZYJS03（男，50 岁）

5.4.3 住房面积选择的影响因素

住房面积类型分为 90m^2 以下、91～144m^2 和 145m^2 以上三类，作为多元 Logistic 模型的因变量，将可能会对住房面积选择产生影响的性别、年龄、婚姻状况、家庭规模、子女数量、户籍、学历、职业类型等指标设为自变量，分析这些因素对住房面积选择是否存在显著影响（表 5-9）。

表 5-9 住房面积选择模型自变量似然比检验

效应	模型拟合标准	似然比检验		
	简化后的模型的–2 倍对数似然值	*wals*	*df*	显著水平
截距	222.336[a]	0.000	0	—
性别	228.709	6.374	2	**0.041**
年龄	237.690	15.354	6	**0.018**
婚姻状况	227.564	5.229	2	**0.073**
家庭规模	223.775	1.439	4	**0.837**
子女数量	224.873	2.537	4	**0.038**
户籍	229.022	6.687	2	**0.035**
学历	236.599	14.263	4	**0.057**
职业类型	236.344	14.008	8	**0.042**

注：a. 因为省略效应不会增加自由度，所以此简化后的模型等同于最终模型。

根据似然比检验，对住房面积选择有显著影响的自变量包括性别、年龄、子女数量、户籍和职业类型。将不显著影响的自变量剔除，最终得到住房面积选择影响模型参数估计（表 5-10）。

表 5-10　购房面积选择影响模型参数估计

购房面积[a]	*B*	*S.E.*	*Wals*	*df*	Sig.	Exp（*B*）
1 截距	−52.639	3 979.280	0.000	1	0.989	—
女性	1.000	0.795	1.582	1	0.209	2.718
男性	0[b]	—	—	0	—	—
30 岁及以下	0.685	4 398.240	0.000	1	1.000	1.985
31～40 岁	17.785	2 895.605	0.000	1	0.995	5.296
41～50 岁	18.569	2 895.605	0.000	1	0.995	1.159
51 岁及以上	0[b]	—	—	0	—	—
无子女	16.728	1.693	97.621	1	**0.000**	0.185
1 个子女	15.544	0.000	—	1	—	0.563
2 个子女	0[b]	—	—	0	—	—
非广州市户籍	−19.261	4 803.955	0.000	1	0.997	0.000
广州市户籍	0[b]	—	—	0	—	—
专科及以下学历	1.779	1.271	1.957	1	0.162	5.922
本科学历	−0.579	1.042	0.309	1	0.578	0.560
研究生及以上学历	0[b]	—	—	0	—	—
政府机关管理者	18.406	2 729.499	0.000	1	0.995	0.986
企事业管理者	16.409	2 729.499	0.000	1	0.995	0.134
专业技术人员	−0.094	5 903.130	0.000	1	1.000	0.910
办事人员和有关人员	16.685	2 729.499	0.000	1	0.995	0.176
私营企业主	−16.578	4 845.633	0.000	1	0.977	0.631
其他从业者	0[b]	—	—	0	—	—
2 截距	−2.096	0.912	5.275	1	0.022	—
1 截距	0.728	0.300	5.877	1	0.015	2.071
女性	0[b]	—	—	0	—	—
男性	1.364	0.849	2.582	1	0.108	3.914
30 岁及以下	1.720	0.665	6.703	1	**0.010**	5.587
31～40 岁	1.519	0.624	5.929	1	**0.015**	4.568
41～50 岁	0[b]	—	—	0	—	—
51 岁及以上	2.437	1.120	4.739	1	**0.029**	11.440
无子女	0.270	0.674	0.160	1	0.689	1.309
1 个子女	0[b]	—	—	0	—	—
2 个子女	−1.884	0.907	4.309	1	**0.038**	0.152
非广州市户籍	0[b]	—	—	0	—	—
广州市户籍	1.615	0.596	7.353	1	**0.007**	5.029
专科及以下学历	0.015	0.403	0.001	1	0.971	1.015

续表

购房面积[a]	*B*	*S.E.*	*Wals*	*df*	Sig.	Exp（*B*）
本科学历	0[b]	—	—	0	—	—
研究生及以上学历	0.461	0.825	0.313	1	0.576	1.586
政府机关管理者	0.088	0.371	0.056	1	0.206	1.091
企事业管理者	0.958	0.684	1.963	1	**0.033**	2.607
专业技术人员	1.020	0.555	3.372	1	**0.015**	2.773
办事人员和有关人员	0.577	0.402	2.060	1	0.151	1.780
私营企业主	0.707	0.700	1.021	1	0.312	2.209
其他从业者	0[b]	—	—	0	0.315	—

注：a. 参考类别是 3，即 $145m^2$ 及以上；b. 因为此参数冗余，所以将其设为零。

子女数量对住房面积选择有显著影响。有 1 个子女的中产家庭在住房面积选择时没有显著差异。有 2 个子女的中产家庭选择 91～$144m^2$ 的住房和选择 $145m^2$ 以上的住房的发生比为 0.152，也就是说，有 2 个子女的中产家庭在 91～$144m^2$ 和 $145m^2$ 以上住房的选择差距不是很大，整体上倾向于选择较大面积的住房。

年龄对住房面积选择有显著影响。在 $90m^2$ 以下的住房面积选择上，年龄没有呈现出显著性特征。而在选择 91～$144m^2$ 的住房面积还是 $145m^2$ 以上的住房面积上出现选择差异。年龄在 40 岁以下和 50 岁以上的中产阶层表现出相似的住房面积选择倾向，即都倾向于选择建筑面积在 91～$144m^2$ 的住房。

职业类型对住房面积选择有显著影响。与年龄自变量一样，不同职业类型对 $90m^2$ 以下的住房选择没有表现出显著差异，显著差异性主要体现在 91～$144m^2$ 的住房面积和 $145m^2$ 以上的住房面积两个选择上。企事业管理者和专业技术人员表现出相似的住房面积选择倾向，即都倾向于选择面积为 91～$144m^2$ 的住房。

5.5 小　　结

本章主要从微观层面对广州市中产阶层居住差异进行研究。首先，对中产阶层居住现状进行分析。其次，对住房需求、住房区位选择进行差异分析。最后，通过构建回归模型与变量指标选择，从住房需求意愿、住房区位选择和住房面积三个方面分析中产家庭居住需求分异的影响要素。

在住房需求意愿方面，小区年代、年龄、家庭规模、子女数量、私家车数量、现居住条件、归属感对中产阶层住房需求意愿有显著影响，具体体现在以下四点：①居住在建设年代较早的社区的中产阶层可能有更强烈的购房意愿；②家庭规模大的中产家庭的住房需求意愿更强烈；③拥有多辆私家车的中产家庭更有购房意愿；④居住时间越短的中产家庭的住房需求意愿比较强烈。

在住房区位选择方面，性别、家庭年均总收入、个人年均总收入、年龄、受教育程度、家庭规模和户籍对住房区位选择有显著影响。

在住房面积选择方面，子女数量、年龄、职业类型、婚姻状况对住房面积选择有显著影响。

通过分析得出，家庭生命周期或个人生命历程的改变是居住变迁和住房性质转换的显著影响变量。这一点与西方国家相关研究有相似之处，即家庭生命周期或个人生命历程的改变直接影响居住选择。但相对于西方国家中产阶层居住选择以子女教育为主的特征，子女教育并不是影响中国中产阶层居住选择的主要因素，大多数中国中产家庭仍是优先选择距离工作地较近且生活服务设施良好的地区。其中，也有一小部分中产家庭会提前着手在较好教育资源的城市中心区购买所谓的学位房，其主要的出发点就是考虑子女学龄时的教育需要。

6 转型期广州市中产阶层居住空间分异综合形成机制

纵观广州市中产阶层聚居区空间分布及演变，中产阶层的空间集聚及居住空间分异的形成是基于不同历史发展阶段下各种社会力量共同作用的结果。根据前文各层面的机制分析，本书把各种社会力量归结为三种：宏观层面的政府对经济政治的制度力量、中观层面的房地产市场力量和微观层面的个体消费力量。在全球化和中国社会经济转型的背景下，三种力量间的时空交互作用带来了中国住房市场的发展和空间分化，而住房市场的空间分化是构成居住空间分异的物质基础和前提。地方政府和市场在城市居住空间分异形成的过程中起着主导作用，可以视为社会阶层居住空间分异的供给主体。

借鉴西方国家的“新制度主义”理论，构建本书中产阶层聚居区形成的理论模型。新制度主义理论是美国经济史学家道格拉斯等于 20 世纪 70 年代创立，该理论是在批判传统政治学与行为主义的基础上建立发展起来的，它反对把个体行为作为政治学研究的中心，而强调制度在解释现实问题中的地位和作用。因此，根据新制度主义理论，地方政府在城市居住空间分异过程中被视为决策型的制度供给主体，而市场被视为制度下执行型的住房供给主体，个体择居行为被视为制度下的消费者行为理论。

6.1 政府在居住空间分异形成过程中的作用

政府是国家或地区土地、住房等制度性杠杆的制定者。无论是中央政府还是地方政府，都是引导城市发展走向的决策者，而政府在居住空间分异形成过程中的作用主要体现在住房制度和土地制度等方面。

①中国住房制度改革开始于 1980 年，经历了 1980～1987 年福利住房制度；1988～1997 年福利住房与市场化住房并存；1988 年以来市场化主导及 2007 年以来住房保障制度全面推行的发展阶段。住房制度的改革使得城市居住空间出现分异，形成不同社会阶层的居住空间。住房制度改革和住房市场化后，不同社会群体市场竞争力存在较大的差异。改革开放以前，在传统住房分配制度的影响下，实施按单位分配的住房制度，具有大致相同职业的人集中居住在单位大院内，形

成模式单一，是社会群体分化明显的社会空间结构，家庭基本没有自由选择住房的可能性。随着住房市场商品化改革的推行，不同社会群体可以从工作单位或房地产市场购买房屋，住房成为城市家庭财产和资产的一个重要组成部分，中产阶层从城市房产的迅速升值中获益。

②中国的土地使用制度从无偿使用转变为有偿使用。其中，传统的土地无偿使用制度主要体现在：一是土地资源由政府相关主管部门利用行政权力、组织资源来进行调拨使用；二是土地使用者不需要支付地价，不用交付地租或土地使用费，并且没有规划土地使用终止年限；三是禁止土地使用者转让土地。这种土地无偿使用制度违反了地租理论、地价理论，造成了国家土地资源的大量流失和资源浪费，不利于城市经济发展建设。

土地有偿使用制度改变了传统土地无偿使用的局限性。一是取消土地使用费，改征土地使用税；二是改变原来单纯靠行政划拨的方式，实行土地使用权有偿出让、转让为主，与行政划拨并存的使用制度；三是制度政策法规，确保土地使用的合法进行。城市土地有偿使用制度的实行，使得传统的福利住房供应制度被住房市场化所代替，政府和单位作为住房供应的主体地位逐渐让位于市场。城市土地有偿使用制度促使城市土地使用权的置换及房地产市场的形成。不同地区的地价、房价促使社会阶层进一步分化。

政府作为中国城市土地的唯一合法拥有者，在城市空间再生产的过程中，从整理破碎化土地权属、拆迁安置、地块清理，到促进资本流通、刺激需求及住房销售等环节上，都发挥着重要的作用，为空间级差地租的实现创造了有利的制度环境[22]。政府对房地产市场的干预和调控，包括引导和抑制房价、住房限购政策等直接影响城市社会阶层的居住选择。这点在调查过程中也得到了验证，90%的被访问者表示国家住房政策对其影响较大，短期内没有购房计划。此外，政府在经营城市过程中倾向于在区位好的地段兴建别墅区、高级住宅区或高级封闭社区，因而在一定程度上，转型期广州市中产阶层聚居区的空间分布及演变是由政府社会空间政策所决定的。

③城市发展战略是政府直接干预城市社会空间格局的主要手段，对城市社会空间格局的发展起着控制和引导作用。2000 年以前，广州市政府制定的“北优、南拓、东进、西联”成为广州市城市社会空间格局发展的重要战略，如广佛都市圈、华南板块、萝岗经济技术开发区、新白云机场等建设。老城区城市更新的结果是原有区域社会阶层发生巨大的改变，即发生了所谓的“中产阶层化”，原有的低收入居民被迫迁至其他区域，进而发生城市居住空间分异现象。此外，传统城市社会空间的历史延续带来了局部地区内社会阶层内部变化的相对稳定，其实在一定程度上可以看作是政府在制定城市发展战略决策中有意识的、有选择性保留的结果。

我第一套住房是在 2003 年买的，那个小区是旧城改造后所建的新住宅小区，当时我们单位的一些同事也是买这种类型的楼房，我当时主要考虑的是这个小区刚好离我们单位比较近，社区所在的街道教育资源比较好，孩子上学不成问题。

——ZYJS03（女，45 岁）

我现在住的越秀区的房子是 2008 年买的，是旧城改造时所建的新楼盘，面积为 120m^2，当时买的时候才几千块每平方米，现在每平方米已经涨到 2 万多元了。当时越秀区这边旧城改造新建很多楼盘，一些经济条件差不多的亲戚朋友基本上都买了房。

——SYQY 02（女，35 岁）

广州市中心城区采取的“退二进三”的工业发展政策，致使城区内产业人员结构发生改变，社会阶层分化。正如前文所提到的中国中产阶层的产生和发展是随着市场体制的建立，在经济高速稳定增长、城市产业结构转型升级和高等教育快速发展等背景下形成的。为了响应教育立市，建立文化大省而兴建大学城，广州市政府直接把市郊一片面积 22km^2 的农村地区变成了知识分子集聚区[170]。

6.2 市场在居住空间分异形成过程中的作用

住房制度改革将房地产市场开拓为国家新的资本积累空间，房地产市场成为增加地方政府财政收入的主要途径[171]。随着巨额社会财富被释放到房地产市场，房地产投资呈现井喷式增长，并成为资本增值最迅速的投资领域。住宅作为一种投资和消费品，富有的中产阶层选择老城区住宅在某种程度上可以实现增值收益。房地产开发商抓住这个商机，大肆开发定位于中产阶层或精英阶层的封闭社区。房地产被当作是一个当代中国社会阶层重新洗牌的重要元素。随处可见的封闭社区是城市治理得以重组的一种地域标识，显示了城市在空间上的日益隔绝。同时，它被标识为一种较为有品位的生活方式。在这些生活方式中，内城住房需求、文化价值和住宅消费的偏好也是影响着城市内部社会结构的主要因素。

随着城市化和郊区化的同步发展，广州市房地产市场不断推进，老城区内出现各式高级住宅小区、楼盘，这些新建楼盘推进了原有居民的阶层演替；同时郊区的街镇在短期内吸引大量的房地产投资，吸引着广州市区内城市更新过程中“被迫迁出”的原住低收入居民和市区内“主动郊区化”的中高收入居民。

根据阳光家缘网站统计分析，截至 2012 年底，广州市房地产市场消化率为 94.6%，新增供应量与成交量基本趋于平衡。从地区分布来看，新增供应区主要集中在外围郊区，其中番禺区和萝岗区供应增长较快。新建商品住宅成交量升价稳，中心城区一手住宅交易面积为 237.30 万 m^2，同比增加 38.4%，占 10 区总成交量比例的 31%。

城市交通网的建设直接提升了区域间的可达性，改善了沿线地区的区位优势，带来沿线地价或住房急速升值，进而房地产商与地方政府进行联合式开发，即政府提供土地资源，房地产商进行开发投资。例如，广州市广园快速路的兴建改善了增城区区位条件，碧桂园在紧邻广州市边界的增城辖区内兴建一个以别墅式住宅为主的大型社区，吸引大批广州市中高收入阶层入住。

房地产市场住宅价格空间变化在很大程度上预示着城市居住分异的发展趋势。郑芷青[172]对 2001 年广州市商品住宅价格进行等值线图分析（图 6-1），得出广州市商住价格极高值所在地集中在原东山区东山湖附近；次峰值区出现在天河区与原东山区交界处，呈东南往西北方向延伸。住宅的价格门槛使同类收入水平的社会阶层或群体聚居在一起。

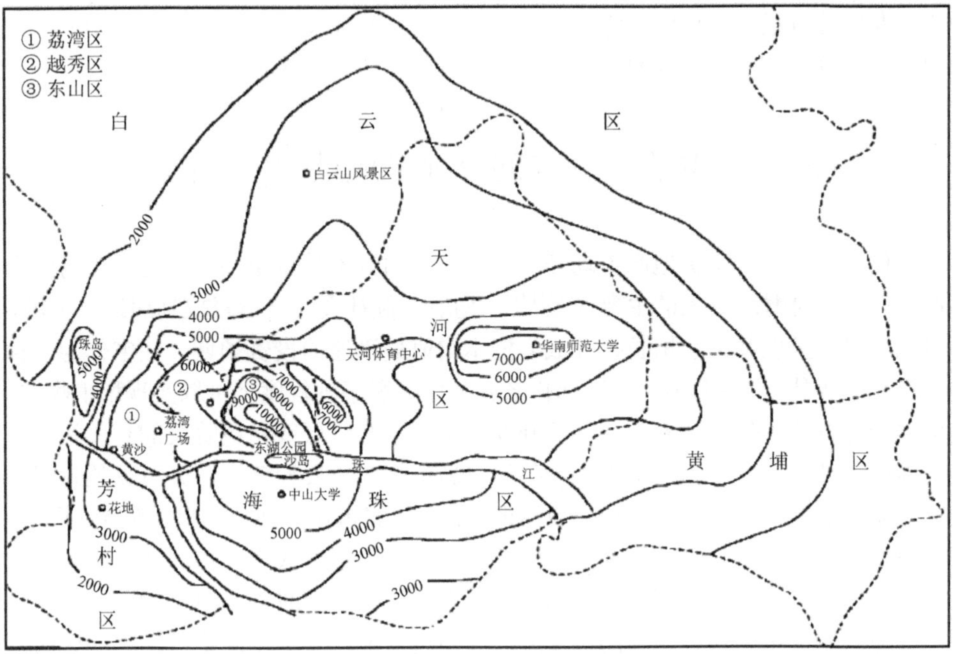

图 6-1　广州市商品住宅价格等值线示意图[175]

6.3　个体在居住空间分异形成过程中的作用

不同的社会群体拥有不同的经济能力，对于住房消费有着不同的承受能力。城市中日益壮大的中产阶层与富裕阶层是城市居住空间分异的主要“消费主体”。拥有较强经济实力的中产阶层可以较为容易通过房地产市场自由选择住房的区位与类型，经济实力较差的居民则在房地产市场上逐渐被边缘化或固守在原地。在西方生活方式、房地产符号资本、家庭生命周期、生命历程变迁、居住偏好及需求差异等因素的影响下，城市中优势区位总是优先受到中产阶层及以上家庭的青睐，而贫困阶层在房价筛选机制作用下被驱赶到城市发展较弱的边缘区。

家庭生命周期或个人生命历程的改变是居住变迁和住房性质转换的显著影响变量。这一点与西方国家相关研究有相似之处，即家庭生命周期或个人生命历程的改变直接影响居住选择。西方相关研究认为中产阶层住房选择可以从家庭属性、家庭轨迹和家庭动机三个方面进行论证，即家庭生命周期，可以分为出生成长、离开家庭、结婚、有孩子、孩子离家、老年，处在不同生命周期的家庭其居住需求是变化的。刚结婚的夫妻首先租借城市中的公寓，有了孩子后租借郊区的单一平房，最后在城市郊区买下自己的住房。西方国家中产阶层居住选择的特征是以子女教育为主，而子女教育并不是影响中国中产阶层居住选择的主要因素，大多数中国中产家庭仍是优先选择距离工作地较近且生活服务设施良好的地区。其中，也有一小部分中产家庭会提前着手在较好教育资源的城市中心区购买所谓的学位房，其主要的出发点就是考虑子女学龄时的教育需要。

个体住房消费差异化造成居住空间分异，而住房选择行为是个体择居能力和家庭居住需求两个方面作用的结果。在西方国家资本主义市场经济条件下，住房选择多是由住房市场和个人的收入水平决定的，居民是在一个可以自主择居的市场环境下考虑迁居的问题，因此居民的住房选择和迁居决策及其原因等大多数属于自发性迁居的模式。但是，在计划经济体制下的中国，住房不是个人的私有财产，住房行为是属于自上而下的国家强制性分配资源的结果。随着改革开放以来中国市场经济体制的不断发展和完善，传统的单位制逐渐瓦解，居民住房行为逐渐形成自主择居模式，居民的自主或被动择居行为成为影响城市社会空间分异的主要因素之一。

个体在不同时期会采取不同的择居行为，这种择居行为差异的实质可以用住房消费梯度理论进行解释。住房消费梯度理论是指住房的消费呈现分层次推进，即按照“租房—购买二手房—购买小面积住房—购买大面积住房—购买别墅”的顺序进行，这个顺序的实现主要取决于住房消费主体的自身经济能力情况。本书在对广州市中产阶层家庭居住区位变迁的调查和分析中发现，83%的被调查中产家庭住房消费可以用住房消费梯度理论予以解释。

从白云区搬迁至越秀区主要是考虑两个方面的原因，一是由于工作地点的变动，10 年前刚结婚，就在三元里买了套住房，2005 年公司地点迁至现在东风路，如果住在三元里的话，往返于家与单位花费很多时间，实在太痛苦；二是白云区，尤其是三元里那边，外来人口特别多，人员变得比较混杂，整个居住环境越来越差。先前同一小区认识的邻居也差不多都搬出去了。我们原先的房子一般也不会卖掉，基本都是出租出去，这样每月还能有固定的收益，挺好的。

——SJQY02（女，35）

6.4　综合形成机制："三位一体"模型

任何主体在相互发生作用必定要在大的社会发展背景下进行，因此社会阶层聚居区形成机制必须综合考虑全球化语境与经济社会转型的现实背景。

全球化是一个以经济全球化为核心，包含政治、文化、意识形态、生活方式、价值观念等多层次、多领域相互联系、影响和制约的多元概念。全球化对发展中国家城市社会经济与空间组织产生深刻影响，全球范围内经济要素（商品、资本、劳动力、信息、知识）、文化要素（西方文化）流的变化决定了发展中国家城市社会结构的演变。对于全球化进程的客观载体——跨国白领与专业管理人士，政府给予足够多的政策优惠与资源支持，他们在空间分配上处于优先和中心地位；"全球化社区"或"封闭社区"的建设充分体现了他们在政策享有和资源占有的绝对优势。

随着经济全球化及经济一体化的发展，中国中产阶层得到快速成长。尽管国内学者对于中产阶层的概念界定略显混乱，但是中国中产阶层受到全球化的强烈影响是不容忽略的事实。这种现象除了体现在生活方式、居住空间以外，更多地体现在与之配套的消费空间。住房的区位选择和建筑档次仅仅是反映居住者社会地位的一个要素，依附于居住空间的消费空间往往折射出更多的有关居住者社会地位的"信息"。消费的趣味和偏好是社会结构或者是阶层结构再生产的一种工具[173]。二沙岛——广州市名副其实的富人区，集聚了岭南汇、星海音乐厅等高级会馆，从侧面彰显了该聚居区阶层的社会地位。华南新城、南国奥林匹克花园等配套高尔夫球场成为居住在该区域内的社会人士凸显其社会地位的一种标志。因此，在全球化背景下，消费主义已经成为中国中产阶层彰显身份地位的一种主要手段。

全球化代表了一种同步发生的社会变迁，在这种变迁主要体现在西方资本主义国家的资金、技术、商品、服务和劳动力的潮流以跨国和跨地区的方式蔓延在全世界的生产方式、生活方式和文化表达方式之中。中国的社会转型可以视为经济全球化的结果。社会转型在促进中国内部社会阶层关系和社会结构变化方面起着较大的作用。国内这些变化不可避免地受到产业结构、职业结构、劳动市场及消费品市场方面的全球趋势影响。因此，中产阶层的产生离不开全球化和相伴的社会转型的大背景。

全球化背景之下，基于城市转型的中国居住空间分异过程不仅表现出某些与西方国家趋同的特征、机制与规律，而且体现出中国特色背景下的独特性、负责性和过渡性。

综上所述，广州市中产阶层空间分异形成是在社会经济转型和全球化背景下，在政府、市场和个体“三位一体”综合作用下形成的。其中，社会经济转型是中产阶层空间分异形成的主要原因；全球化加速了中产阶层的崛起和生活方式、价值观念的改变；政府和市场主导下的土地制度的有偿使用和住房制度的市场化为中产阶层空间分异的形成提供了条件；城市旧城改造和相关规划政策引导了中产阶层空间分异的发展方向；城市历史发展传承奠定了中产阶层空间的形成基础。

7 结论与展望

本书在对国内外中产阶层及中产阶层聚居区相关研究理论梳理的基础上，对广州市社会分化和社会空间分异演变进行了系统分析，对广州市中产阶层出现的时间节点、收入标准、职业性质、受教育程度等方面进行了界定。另外，以街道为研究单元对广州市社会空间结构演变进行分析，在广州市社区中提取中产阶层聚居区，并对其形成机制进行系统分析。通过以上分析得出以下几个方面的结论。

7.1 主要结论

7.1.1 广州市中产阶层社会特征

广州市中产阶层社会属性特征主要体现在：个人年总收入在 17 万～40 万元之间，家庭年总收入在 40 万～100 万元之间；年龄主要集中在 30～50 岁之间；家庭类型主要是由夫妻 2 人和 1 个子女构成的核心家庭；平均拥有 1 辆私家车，2 套住房，人均住房面积 $32m^2$；受教育程度以本科为主；职业类型主要包括政府机关管理者、企事业管理者、专业技术人员、私营企业主、商业、服务业人员等；在生活方式方面注重个人健康和家庭物质条件的改善。

7.1.2 宏观层面：广州市中产阶层聚居区空间分布及演变特征

（1）广州市中产阶层聚居区社会空间结构特征

根据广州市 2000 年和 2010 年社区数据变化显示，广州市社会空间结构呈现类似西方国家的同心圆模型。其中，老城区为混合阶层聚居区，以老城区为核心，由中心城区向外围区依次集中分布中产阶层聚居区、中等收入阶层聚居区、中低收入阶层聚居区和低收入阶层聚居区。

（2）广州市中产阶层聚居区空间分布特征

中产阶层聚居区空间分布呈中心集聚向外围扩散，但仍以中心城区为主。

广州市中产阶层聚居区空间分布特征体现在以下几点：①广州市中产阶层聚居区郊区化显现；②老城区出现中产阶层化现象；③中产阶层聚居区空间分布仍以中心城区为主。广州市中产阶层空间演变特征体现在以下几点：①中产阶层聚居区范围有所扩大，呈现郊区化和向中心化并存现象；②老城区外围、珠江两岸及经济开发区是中产阶层集中分布的区域；③中心城区外来人口的集聚促使中产阶层的外迁；④中产阶层聚居区呈现强稳定型、弱稳定型、衰减型和增长型 4 种不同地域类型演变。

（3）宏观层面形成机制

从宏观层面出发，处于转型期的广州市中产阶层聚居区空间分布及演变形成的机制可以归纳出以下几点：①城市化与郊区化决定其空间分布演变方向；②城市更新带来社会阶层演替的发生；③传统城市社会空间的历史延续。

7.1.3 中观层面：广州市中产阶层聚居区内部地域类型演变特征

（1）广州市中产阶层聚居区内部亚类聚居区的划分

广州市中产阶层聚居区可以细分为教育中产阶层聚居区、职业中产阶层聚居区、收入中产阶层聚居区和混合中产阶层聚居区四个亚类。通过对比 2000 年和 2010 年四个亚类中产阶层聚居区的内部类型变化，得出其呈现的变化特征：四个亚类中产阶层聚居区所含街道数目都有所增加；各亚类中产阶层聚居区之间部分街道发生类型转换；发生类型转换的街道空间分布主要集中在中心城区和老城区。

（2）中产阶层聚居区内部各亚类地域类型演变划分

在区位熵方法的基础上，对影响各亚类中产阶层聚居区的主要因素进行加权分析，根据四个亚类的演变特征，将广州市中产阶层聚居区内部划分为强稳定型、弱稳定型、增长型和衰减型。这四种类型空间分布呈现明显的以强稳定型为核心的圈层结构。其中，强稳定型集中分布在中心城区，该类型主要指职业中产阶层和教育中产阶层聚居区；弱稳定型呈“片状”集中分布在郊区和老城区外围，该类型主要指职业中产阶层聚居区、教育中产阶层聚居区和混合中产阶层聚居区；增长型以“散点状”零星集中分布在强稳定型外围，该类型区内混合中产阶层聚居较为集中；衰减型仅有 1 个街道，即白云区的三元里街。

（3）中观层面形成机制

在中观层面上，处于转型期的广州市中产阶层聚居区地域类型及演变形成的机制可以归纳出以下几点：①广州市产业结构和产业人员的调整；②土地制度和住房制度的改革；③广州市相关城市规划政策的引导。

7.1.4 微观层面：广州市中产阶层个体居住分异研究

（1）住房需求差异影响因素

从微观层面出发，中产阶层聚居区地域类型演变的主要原因在于中产阶层个体择居的空间差异。本书从住房需求意愿、住房区位选择和住房面积方面进行分析，得出以下几点结论：①在住房需求意愿方面，小区年代、年龄、家庭规模、子女数量、私家车数量、现居住条件、归属感对中产阶层住房需求意愿有显著影响；②在住房区位选择方面，性别、家庭年均总收入、个人年均总收入、年龄、受教育程度、家庭规模和户籍对住房区位选择有显著影响；③在住房面积选择方面，子女数量、年龄、职业类型、婚姻状况对住房面积选择有显著影响。

（2）中产阶层居住区位选择的影响因素

通过对居住区典型个案居住变迁的分析得出，家庭生命周期或个人生命历程的改变是居住变迁和住房性质转换的显著影响变量。这一点与西方国家相关研究有相似之处，即家庭生命周期或个人生命历程的改变直接影响居住选择。但相对于西方国家中产阶层居住选择以子女教育为主的特征，子女教育并不是影响中国中产阶层居住选择的主要因素，大多数中国中产阶层仍是优先选择距离工作地较近且生活服务设施良好的地区。其中，也有一小部分中产家庭会提前着手在较好的教育资源的城市中心区购买学位房，其主要的出发点就是考虑子女学龄时的教育需要。

7.1.5　广州市中产阶层居住空间分异“三位一体”综合形成机制

从宏观层面上分析，广州市中产阶层聚居区空间分布演变的机制主要包括以下几点：①城市化与郊区化决定了中产阶层空间分布演变方向；②城市更新带来社会阶层演替的发生；③传统城市社会空间的历史延续。在中观层面上，广州市中产阶层聚居区地域类型演变机制主要包括以下几点：①广州市社会经济转型；②产业结构和产业人员调整；③土地制度和住房制度改革；④广州市相关城市规划政策的引导。在微观层面上，中产阶层个体择居差异是中产阶层居住空间分异形成的主要原因。综合以上分析，广州市中产阶层居住空间分异形成机制可以看作是政府、市场和个体“三位一体”综合作用下形成的。其中，政府和市场是中产阶层居住空间分异的供给主体，个体是居住空间分异的消费主体。

7.2　中国与西方国家研究结果比较

7.2.1　中产阶层聚居区空间分布比较

西方国家中产阶层空间分布研究结果表明：①为了应对现今生活方式中的各

种机会和制约因素，西方中产阶层回迁市中心居住呈现增长的趋势，但这种趋势相对于郊区化来说并不那么明显；②大多数西方国家中产阶层更加倾向于郊区，空间分布整体呈现出市中心外围高度聚居，且紧邻高级住宅区；③中产阶层聚居区空间分布总是与低收入阶层聚居区的方向是相反的。高收入阶层大多集中分布于高速公路延伸的环境良好的郊区。中等收入阶层聚居区趋向于高收入阶层聚居区，而背离低收入阶层聚居区。

本书研究结果表明，中国大城市中产阶层空间分布特征与西方国家有相似之处也有不同之处。相似之处是中国大城市中产阶层空间分布也呈现出中产阶层回迁的现象，回迁区域主要集中在旧城更新后的新建住宅区，与其他社会阶层表现出一定的居住隔离。不同之处是虽然中国大城市中产阶层空间分布有向郊区发展的趋势，但目前仍是以市中心和区位优势突出的外围区域为主。

7.2.2 中产阶层家庭居住选择首要影响因素比较

西方国家中产阶层家庭居住选择研究结果表明，子女教育问题是影响大多数中产阶层家庭居住选择的最重要的因素，通勤成本次之。不论是居住郊区化还是回迁至市中心，子女教育都是首要考虑因素。选择在郊区居住的大多是注重家庭主义（即注重子女教育，为子女提供更多的活动空间、绿地和安全环境）的中产阶层家庭；迁至市中心的中产阶层家庭主要是考虑到市中心的住房区位有助于子女管教和减少工作之间的时间成本。

本书对于中国中产阶层家庭居住选择影响因素的研究结果表明，通勤成本是中国大城市中产阶层家庭居住选择考虑的首要因素，子女教育问题次之。因此，中西方国家中产阶层家庭居住选择首要影响因素是不同的。

7.2.3 中产阶层聚居区形成机制比较

西方国家中产阶层聚居区形成机制的研究结果表明，中产阶层聚居区的形成是外部推动力和内生自驱力共同作用的结果。其中，外部推动力主要包括经济能力、居住环境、政府政策和公共部门的导向等，内生自驱力主要包括中产阶层家庭生命历程、生活方式、身份认同、价值观念等。

与西方国家研究结果类似，中国中产阶层聚居区形成机制也可以视为外生力量和内生力量共同作用的结果，外生力量主要指政府与市场的推动和引导作用，内生力量主要指中产家庭个体作用，三者共同作用下促使中产阶层聚居区的形成和发展。

7.3　未来研究展望

由于笔者个人水平和能力的限制，本书仍有一些方面研究不够充分，有待于做进一步的思考和探索，主要包括以下几点。

（1）评价指标体系的完善

本书采用最能体现社会阶层分化的数据指标构建社会阶层聚居区类型的划分。但从数据资料方面来看，国内任何统计年鉴或经济报表等统计材料都缺乏街道或社区层面个人或家庭经济收入数据，信息资源开放度不够，研究资料的可获得性较差，进而造成社会阶层指标体系不够全面。下一步的研究将结合各街道或社区层面个人或家庭经济收入、房价、地价等数据，深入细化评价指标体系，更加系统全面地反映社会阶层分化的空间体现。

（2）多因子生态分析法的局限性

本书在对广州市社会空间结构分析时采用多因子生态分析法，该方法在提取主因子和聚类分析时，社区等地域类型命名上带有一定的主观经验判断，在某种程度上会造成一定的偏差。由于无法获得细到社区层面的数据，故研究尺度以街道为最小研究单元，或多或少掩盖了社区层面的细微差异。

（3）未对中产阶层聚居区与其他社会阶层聚居区进行对比分析

本书主要是以中产阶层这一社会群体进行单独分析，缺少与贫困阶层、富裕阶层等其他社会阶层社会特征、居住选择的差异进行对比分析。此外，在进行问卷调查和深度访谈时，由于中产阶层“不露富”等防备心理较强，使得问卷调查和深度访谈的难度较大。本书分析了广州市中产阶层聚居区空间分布演变的规律和特征，那么这种空间分布演变对于广州市城市社会空间结构会产生什么样的影响或空间效应，这些都是笔者下一步需要重点思考和解决的问题。

（4）关于中产阶层居住空间分异形成机制的研究

本书从宏观、中观和微观层面建立广州市中产阶层居住空间分异的综合形成机制模型，但居住空间分异是较为复杂的问题，有待进一步研究。

参考文献

[1] 陆学艺. 当代中国社会阶层的分化与流动[J]. 江苏社会科学，2003，(4)：1-9.

[2] Wu F L. Sociospatial differentiation in urban China：Evidence from Shanghai's real estate markets[J]. Environment and Planning A：Economy and Space，2002，34（9）：1591-1615.

[3] 顾朝林，胡秀红，刘海泳，等. 北京城市富裕阶层现状的初步研究[J]. 城市问题，1999，(6)：23-30.

[4] 袁媛，许学强. 转型时期中国城市贫困地理的实证研究：以广州市为例[J]. 地理科学，2008，28（4）：457-463.

[5] 李志刚，刘晔. 中国城市"新移民"社会网络与空间分异[J]. 地理学报. 2011，66（6）：785-795.

[6] 周晓虹. 中国中产阶层调查[M]. 北京：社会科学文献出版社，2005.

[7] 李春玲. 断裂与碎片：当代中国社会阶层分化实证分析[M]. 北京：社会科学文献出版社，2005.

[8] 孙立平. 博弈：断裂社会的利益冲突与和谐[M]. 北京：社会科学文献出版社，2006.

[9] Huyu. Is the Chinese middle class catching up the American middle class[N]. Youth Reference.

[10] Lange H，Meier L. Who are the New Middle Classes and Why are They Given so Much Public Attention?[M]. Berlin：Springer Netherlands，2009，1-26.

[11] Hoggart K. The middle classes in rural England 1971—1991[J]. Journal of Rural Studies，1997，13（3）：253-273.

[12] 张莹玉. 西方"中产阶级化"理论剖析[J]. 世界经济研究，1992，(4)：72-77.

[13] 李强. 关于中产阶级和中间阶层[J]. 中国人民大学学报，2001，(2)：17-20.

[14] Wright E O. Classes[M]. London：Verso，1985.

[15] 陆学艺. 当代中国社会阶层研究报告[M]. 北京：社会科学文献出版社，2002.

[16] 李培林. 社会学视野中的中等收入阶层[J]. 湖南师范大学社会科学学报，2003，32（4）：5-7.

[17] 王开玉. 中国中产阶层的初级形态[J]. 合肥学院学报（社会科学版），2006，23（1）：6-14.

[18] 吕拉昌. 极化效应、新极化效应与珠江三角洲的经济持续发展[J]. 地理科学，2000，20（4）：354-361.

[19] 顾朝林，C. 克斯特洛德. 北京社会极化与空间分异研究[J]. 地理学报，1997，52（5）：3-11.

[20] 杨上广. 中国大城市社会空间的演化[M]. 上海：华东理工大学出版社，2006.

[21] 沈丽珍，甄峰，黄贤金. 南京大学社会地理学发展与展望[J]. 地理科学，2013，33（1）：29-35.

[22] 宋伟轩，吴启焰，朱喜钢. 新时期南京居住空间分异研究[J]. 地理学报，2010，65（6）：685-694.

[23] 吴启焰，张京祥，朱喜钢，等. 现代中国城市居住空间分异机制的理论研究[J]. 人文地理杂志，2002，17（3）：26-31.

[24] 李静. 大城市低收入人口空间分布及其聚居形态研究：以大连市为例[D].大连：辽宁师范大学，2009.

[25] 张京祥，罗震东，何建颐. 体制转型与中国城市空间重构[M]. 南京：东南大学出版社，2007.

[26] 侯百镇. 城市转型：周期、战略与模式[J]. 城市规划学刊，2005，159（5）：5-15 + 20.

[27] 周春山. 城市空间结构与形态[M]. 北京：科学出版社，2007.

[28] 李成. “中产”中国：超越经济转型的新兴中国中产阶级[M].许效礼，王祥钢，译. 上海：上海译文出版社出版，2013.

[29] 吕庆春. 阶层分化的理论视角：近年来中国社会阶层分化研究综述[J]. 青海师范大学学报（哲学社会科学版），2005，27（3）：30-34.

[30] 陆学艺. 中国社会阶级阶层结构变迁 60 年[J]. 北京工业大学学报（社会科学版）. 2010，（03）：1-12.

[31] 孙立平. 断裂：20 世纪 90 年代以来的中国社会[M]. 北京：社会科学文献出版社，2003.

[32] Wilson W J. The Truly Disadvantaged：The Inner City，the Underclass，and Public Policy[M]. Chicago：The University of Chicago Press，1987.

[33] Mills C Wright Ibid，Parker R. The Myth of the Middle Class[M]. New york：Harper，1972.

[34] Florida R. The Rise of the Creative Class：And How it's Transforming Work，Leisure，Community and Everyday Life[M]. New York：Basic Books，2004：177-178.

[35] Hall P. Creativity，culture，knowledge and the city[J]. Built Environment，2004，30（3）：256-258.

[36] Peck J. Struggling with the creative class[J]. International Journal of Urban and Regional Research，2005，29（4）：740-770.

[37] Lawton P，Murphy E，Redmond D. Residential preferences of the ‘creative class’? [J]. Cities，2013，(31)：47-56.

[38] 周晓虹. 再论中产阶级：理论、历史与类型学：兼及一种全球化的视野[J]. 社会，2005，(4)：1-24.

[39] 周晓虹. 全球化、社会转型与中产阶级的建构：以中国为对象的比较研究[J]. 江苏行政学院学报，2010，(1)：61-69.

[40] 周晓虹. 全球化与中产阶级的型塑：理论与现实[J]. 天津社会科学，2007，(4)：65-70.

[41] Centers R. The Psychology of Social Classes：A Study of Class Consciousness[M]. Princeton：Princeton University Press，1949.

[42] Warner W L. Yankee City Abridged New Haven[M]. Conn：Yale University Press，1963.

[43] Dennis G. The American Class Structure in an Age of Growing Inequality[M]. 6th ed. Belmont：Wadsworth Publishing，2002.

[44] Eisenhauer J. An Economic Definition of the Middle Class[J]. Forum for Social Economics，2008，37（2）：103-113.

[45] Edwards A M. Comparative Occupational Statistics for the U. S. 16th Census[M]. Washington：D.C.Government Printing Office，1943.

[46] 米尔斯. 白领：美国的中产阶级[M]. 杨小东，等译.杭州：浙江人民出版社，1987.

[47] Duncan O D. A Socioeconomic Index for all[M]//Reiss A J.Occupations Properties and Characteristics of Social Status. USA：Free Press，1961：109-161.

[48] Park R E，Burgess W B. The City[M]. Chicago：The University of Chicago Press，1925.

[49] Hoyt H. Recent distortions of the classical models of urban structure[J]. Land Economics，1964，40（2）：199-212.

[50] Harris C D，Ullman E L. The nature of cities[J]. The Annals of the American Academy of Political and Social Science，1945，242（1）：7-17.

[51] Smith N. New globalism，new urbanism：gentrification as global urban strategy[J]. Antipode，2002，34（3）：427-450.

[52] Hamnett C. Gentrification and the middle-class remaking of inner London，1961—2001[J]. Urban Studies，2003，40（12）：2401-2426.

[53] Préteceille E. Is gentrification a useful paradigm to analyse social changes in the Paris metropolis?[J]. Environment and Planning A：Economy and Space，2007，39（1）：10-31.

[54] Boterman W R，Karsten L，Musterd S. Gentrifiers settling down? Patterns and trends of residential location of middle-class families in Amsterdam[J]. Housing Studies，2010，25（5）：693-714.

[55] Hackworth J，Smith N. The changing state of gentrification[J]. Tijdschrift voor Economische en Sociale Geografie，2001，92（4）：464-477.

[56] Rérat P. Gentrifiers and their choice of housing：characteristics of the households living in new developments in Swiss cities[J]. Environment and Planning A：Economy and Space，2012，44（1）：221-236.

[57] Rossi P H. Why Family Move[M]. New Delhi：Sage Publications，1980.

[58] Guest A M. Population suburbanization in American metropolitan areas，1940—1970[J]. Geographical Analysis，1975，7（3）：267-283.

[59] Robert F. Bourgeois Utopias：the Rise and Fall of Suburbia [M]. New York：Basic Books，Inc，1987.

[60] Gans H J. The Levittowners：Ways of Life and Politics in a New Suburban Community（1986 ed.）[M]. New York：Columbia University Press，1967.

[61] Willmott P，Young M. Family and Class in a London Suburb[M]. London：Routledge Kegan Paul，1960.

[62] Eklund K E，Williams O P. The changing spatial distribution of social classes in a metropolitan area [J]. Urban Affairs Review，1978，13（3）：313-338.

[63] Bell W. Social Choice，Life Styles and Suburban Residence//W. M. Dobriner. The Suburban Community [Z]. New York：G P Putman，1958：225-247.

[64] Bell W. The City，the Suburb，and a Theory of Social Choice//Greer S A. New Urbanization[M]. New York：St. Martins Press，1968.

[65] Lupi T，Musterd S. The suburban’ community question'[J]. Urban Studies，2006，43（4）：801-817.

[66] Silverman E，Lupton R，Fenton A. A Good Place for Children? Attracting and Retaining

Families in Inner Urban Mixed Income Communities[M]. New York：Joseph Rowntree Foundation，2005.

[67] Putnam R D. Bowling Alone：The Collapse and Revival of American Community[M]. New York：Simon and Schuster，2000.

[68] Richards L. Nobody's Home. Dreams and Realities in a New Suburb[M]. Oxford：Oxford University Press，1990.

[69] Savage M. The politics of elective belonging[J]. Housing，Theory and Society，2010，27（2）：115-161.

[70] Ley D. Alternative explanations for inner-city gentrification：a Canadian assessment[J]. Annals of the Association of American Geographers，1986，76（4）：521-535.

[71] Smith N. Toward a theory of gentrification a back to the city movement by capital，not people[J]. Journal of the American Planning Association，1979，45（4）：538-548.

[72] Ley D. Liberal ideology and the postindustrial city[J]. Annals of the Association of American Geographers，1980，70（2）：238-258.

[73] Bourne L S. The myth and reality of gentrification：A commentary on emerging urban forms[J]. Urban Studies，1993，30（1）：183-189.

[74] Ley D. A Social Geography of the City[M]. New York：Harper and Row Publishers，1983.

[75] Karsten L，Lupi T，de Stigter-Speksnijder M. The middle classes and the remaking of the suburban family community：Evidence from the Netherlands [J]. Journal of Housing and the Built Environment，2013，28（2）：257-271.

[76] Butler T，Robson G. Social capital，gentrification and neighbourhood change in London：A comparison of three South London neighbourhoods[J]. Urban Studies，2001，38（12）：2145-2162.

[77] Karsten L. Housing as a way of life：towards an understanding of middle-class families' preference for an urban residential location[J]. Housing Studies，2007，22（1）：83-98.

[78] Karsten L. Family gentrifiers：challenging the city as a place simultaneously to build a career and to raise children[J]. Urban Studies，2003，40（12）：2573-2584.

[79] Bondi L. Gender，class，and gentrification：enriching the debate[J]. Environment and Planning D：Society and Space，1999，17（3）：261-282.

[80] Smith D P. Extending the temporal and spatial limits of gentrification：a research agenda for population geographers[J]. International Journal of Population Geography，2002，8（6）：385-394.

[81] Bridge G. It's not just a question of taste：gentrification，the neighbourhood，and cultural capital[J]. Environment and Planning A：Economy and Space，2006，38（10）：1965-1978.

[82] Ley D. The new middle class and the remaking of the central city[G]. Oxford：Oxford University Press，1997：234-236.

[83] Lees L. Rethinking gentrification：beyond the positions of economics or culture[J]. Progress in Human Geography，1994，18（2）：137-150.

[84] Rose D. Rethinking gentrification：beyond the uneven development of marxist urban theory[J]. Environment and Planning D：Society and Space，1984，2（1）：47-74.

[85] Rose D. A feminist perspective of employment restructuring and gentrification：The case of Montreal[J]. The Power of Geography：How Territory Shapes Social Life，1989.
[86] Dowling R，Atkinson R，Mcguirk P. Privatism，privatisation and social distinction in master-planned residential estates[J]. Urban Policy and Research，2010，28（4）：391-410.
[87] Hampton K，Wellman B. Neighboring in Netville：How the internet supports community and social capital in a wired suburb[J]. City and Community，2003，2（4）：277-311.
[88] Cheshire L，Walters P，Wickes R. Privatisation，security and community：How master planned estates are changing suburban Australia[J]. Urban Policy and Research，2010，28（4）：359-373.
[89] Maher K H. Workers and strangers：the household service economy and the landscape of suburban fear[J]. Urban Affairs Review，2003，38（6）：751-786.
[90] Atkinson R. Padding the bunker：strategies of middle-class disaffiliation and colonisation in the city[J]. Urban Studies，2006，43（4）：819-832.
[91] Mcguirk P，Dowling R. Neoliberal privatisation? Remapping the public and the private in Sydney's masterplanned residential estates[J]. Political Geography，2009，28（3）：174-185.
[92] Mcguirk P，Dowling R. Governing social reproduction in masterplanned estates：urban politics and everyday life in Sydney[J]. Urban Studies，2011，48（12）：2611-2628.
[93] Polanska D. The emergence of gated communities in post-communist urban context：and the reasons for their increasing popularity[J]. Journal of Housing and the Built Environment，2010，25（3）：295-312.
[94] Atkinson R，Flint J. Fortress UK? Gated communities，the spatial revolt of the elites and time-space trajectories of segregation[J]. Housing Studies，2004，19（6）：875-892.
[95] Ley D，Tutchener J. Immigration，globalisation and house prices in Canada's gateway cities[J]. Housing Studies，2001，16（2）：199-223.
[96] Wyly E K，Hammel D J. Gentrification，segregation，and discrimination in the American urban system[J]. Environment and Planning A：Economy and Space，2004，36（7）：1215-1241.
[97] Vesselinov E. Members Only：gated communities and residential segregation in the metropolitan United States[J]. Sociological Forum，2008，23（3）：536-555.
[98] Blandy S，Dixon J，Dupuis A. Theorising power relationships in multi-owned residential developments：unpacking the bundle of rights[J]. Urban Studies，2006，43（13）：2365-2383.
[99] Caulfield J. 'Gentrification' and desire[J]. Canadian Review of Sociology/Revue canadienne de sociologie，1989，26（4）：617-632.
[100] Karsten L. Family gentrifiers：Challenging the city as a place simultaneously to build a career and to raise children[J]. Urban Studies，2003，40（12）：2573-2584.
[101] 郑杭生，洪大用. 当代中国社会结构转型的主要内涵[J]. 社会学研究，1996，（1）：58-63.
[102] 柴彦威. 以单位为基础的中国城市内部生活空间结构：兰州市的实证研究[J]. 地理研究，1996，15（1）：30-38.
[103] 李春玲. 社会结构变迁中的城镇社会流动[J]. 社会学研究，1997，（5）：84-90.
[104] 吴启焰，尹祖杏. 城市中产阶层化研究进展回顾及未来展望[J]. 人文地理杂志，2008，123（2）：19-26.
[105] 王兴中，高丽. 大城市中产阶层化与商娱场所的空间结构[J]. 人文地理杂志，2008，123（2）：

49-56.
[106] 何深静，钱俊希，邓尚昆. 转型期大城市多类绅士化现象探讨：基于广州市六个社区的案例分析[J]. 人文地理，2011，26（1）：44-49.
[107] 宋伟轩. 西方城市绅士化理论纷争及启示[J]. 人文地理，2013，28（1）：32-35，120.
[108] 虞蔚. 城市社会空间的研究与规划[J]. 城市规划，1986，10（6）：25-28.
[109] 许学强，胡华颖，叶嘉安. 广州市社会空间结构的因子生态分析[J]. 地理学报，1989，44（4）：385-399.
[110] 李春玲. 比较视野下的中产阶级形成：过程、影响以及社会经济后果[M]. 北京：社会科学文献出版社，2009.
[111] 周春山，陈素素，罗彦. 广州市建成区住房空间结构及其成因[J]. 地理研究，2005，24（1）：77-88.
[112] 冯健，周一星. 北京都市区社会空间结构及其演化（1982—2000）[J]. 地理研究，2003，22（4）：465-483.
[113] 顾朝林，王法辉，刘贵利. 北京城市社会区分析[J]. 地理学报，2003，58（6）：917-926.
[114] 李九全，王兴中. 中国内陆大城市场所的社会空间结构模式研究：以西安为例[J]. 人文地理，1997，12（3）：13-19.
[115] 徐晓军. 我国城市社区走向阶层化的实证分析：以武汉市两典型住宅区为例[J]. 城市发展研究，2000，（4）：31-33，28.
[116] 杨上广，丁金宏. 浦东新区的极化开发与社会极化[J]. 城市问题，2004，（1）：75-79.
[117] 孟延春. 旧城改造过程中的中产阶层化现象[J]. 城市规划汇刊，2000，（1）：48-51.
[118] 李强. 转型时期的中国社会分层结构[M]. 哈尔滨：黑龙江人民出版社，2002.
[119] 张宛丽. 中国社会阶级阶层研究二十年[J]. 社会学研究，2000，（1）：24-39.
[120] 高丙中. 西方生活方式研究的理论发展叙略[J]. 社会学研究，1998，（3）：61-72.
[121] 陆学艺. 当代中国社会阶层研究报告[M]. 北京：社会科学文献出版社，2002.
[122] 顾朝林. 城市社会学[M]. 南京：东南大学出版社，2002.
[123] 李春玲. 中国当代中产阶层的构成及比例[J]. 中国人口科学，2003，（6）：25-32.
[124] 李春玲. 如何定义中国中产阶级：划分中国中产阶级的三个标准[J]. 学海，2013，（3）：62-71.
[125] 刘欣. 中国城市的阶层结构与中产阶层的定位[J]. 社会学研究，2007，（6）：1-14.
[126] 魏立华，闫小培. 社会经济转型期中国城市社会空间研究述评[J]. 城市规划学刊，2005，（5）：16-20.
[127] 李春玲. 中国中产阶级的发展状况[J]. 黑龙江社会科学，2011，（1）：75-87.
[128] 吴启焰，崔功豪. 南京市居住空间分异特征及其形成机制[J]. 城市规划，1999，23（12）：23-26，35-60.
[129] Hu X H，Kaplan D H. The emergence of affluence in Beijing：residential social stratification in China‘s capital city[J]. Urban Geography，2001，22（1）：54-77.
[130] 王晓鸣. 旧城社区弱势居住群体与居住质量改善研究[J]. 城市规划，2003，27（12）：24-29.
[131] 王兴中. 中国城市社会空间结构研究[M]. 北京：科学出版社，2000.
[132] 宋伟轩，陈培阳. 城市封闭社区的社会效应分析[J]. 城市问题，2013，（6）：11-17.
[133] 宋伟轩，朱喜钢. 中国封闭社区：社会分异的消极空间响应[J]. 规划师，2009，25（1）：

82-86.
[134] 吴启焰，罗艳. 中西方城市中产阶级化的对比研究[J]. 城市规划，2007，31（8）：30-35.
[135] 汪丽，王兴中. 社会阶层化与城市社会空间的发展及其与城市娱乐业的（空间）关系[J]. 人文地理杂志，2008，123（2）：43-49.
[136] 周春山，刘洋，朱红. 转型时期广州市社会区分析[J]. 地理学报，2006，61（10）：1046-1056.
[137] 杨上广. 大城市社会空间结构演变研究：以上海市为例[J]. 城市规划学刊，2005，（5）：21-26.
[138] 朱喜钢. 城市空间集中与分散论[M]. 中国建筑工业出版社，2002：131-132.
[139] Wu F L. Rediscovering the ‘gate’ under market transition：From work-unit compounds to commodity housing enclaves[J]. Housing Studies，2005，20（2）：235-254.
[140] 林雄斌，马学广，李贵才. 全球化背景下封闭社区形成的影响因素与空间效应[J]. 地理科学进展，2013，32（3）：354-360.
[141] 秦瑞英，闫小培，曹小曙. 国外城市封闭社区及其治理[J]. 经济地理，2008，28（3）：401-405.
[142] 徐昀，宋伟轩，朱喜钢，等. 封闭社区的形成机理与社会空间效应[J]. 城市问题，2009，（7）：2-6.
[143] 王晓鸣. 旧城社区弱势居住群体与居住质量改善研究[J]. 城市规划，2003，27（12）：24-29.
[144] 戴晓晖. 中产阶层化：城市社会空间重构进程[J]. 城市规划学刊，2007，（2）：25-32.
[145] Wang J，Lau S S Y. Gentrification and Shanghai’s new middle-class：Another reflection on the cultural consumption thesis[J]. Cities，2009，26（2）：57-66.
[146] 薛德升. 西方绅士化研究对我国城市社会空间研究的启示[J]. 规划师，1999，15（3）：109-112.
[147] 宋伟轩，朱喜钢，吴启焰. 中国中产阶层化过程、特征与评价：以南京为例[J]. 城市规划，2010，34（4）：14-20.
[148] 吴启焰，吴小慧，Chen Guo，等. 基于小尺度五普数据的南京旧城区社会空间分异研究[J]. 地理科学，2013，33（10）：1196-1205.
[149] 何深静，刘玉亭. 市场转轨时期中国城市绅士化现象的机制与效应研究[J]. 地理科学，2010，30（4）：496-502.
[150] 李园. 基于消费视角的当代中国中产阶层透析[J]. 宁夏党校学报，2006，8（6）：106-109.
[151] 黄庐进. 转型时期中国中产阶层消费行为研究[D]. 上海：华东理工大学，2011.
[152] 凡勃伦. 有闲阶级论[M]. 蔡受百，译. 北京：商务印书馆，1964.
[153] 柴彦威，翁桂兰，沈洁. 基于居民购物消费行为的上海城市商业空间结构研究[J]. 地理研究，2008，27（4）：897-906.
[154] 陈向明. 质的研究方法与社会科学研究[M]. 北京：教育科学出版社，2000.
[155] 陆学艺. 当代中国社会结构[M]. 北京：社会科学文献出版社，2010.
[156] 毛泽东. 论人民民主专政[M]. 北京：人民出版社，1991.
[157] 国家统计局. 中国统计年鉴[M]. 北京：中国统计出版社，2005.
[158] 李培林，张翼. 中国中产阶级的规模、认同和社会态度[J]. 社会，2008，28（2）：1-19.
[159] 中共广州市委党校，广州行政学院课题组. 广州社会阶层变化及其政治影响[M]. 广州：广州出版社，2006.
[160] 陈伟. 我国中等收入者的界定方法与基本特征[J]. 商业时代，2012，（17）：9-10.

[161] 李志刚，吴缚龙. 转型期上海社会空间分异研究[J]. 地理学报，2006，61（2）：199-211.
[162] 冯健，周一星. 转型期北京社会空间分异重构[J]. 地理学报，2008，63（8）：829-844.
[163] 王兴中，王非. 国外城市社会居住区域划分模式[J]. 国外城市规划，2001，16（3）：31-33.
[164] 郑静，许学强，陈浩光. 广州市社会空间的因子生态再分析[J]. 地理研究，1995，14（2）：15-26.
[165] 闫小培，周春山，冷勇，等. 广州 CBD 的功能特征与空间结构[J]. 地理学报，2000，55（4）：475-486.
[166] 张文辉，邵士国. 旧城改造的几个问题——基于政府视角的认识[J]. 规划师，2008，24（2）：45-49.
[167] 赵春容，赵万民，谭少华. 市场经济运行中的利益分配矛盾解析：以旧城改造为例[J]. 城市发展研究，2008，15（2）：123-126.
[168] 郭湘闽. 土地再开发机制约束下的旧城更新困境剖析[J]. 城市规划，2008，32（10）：42-49.
[169] 姜文锦，陈可石，马学广. 我国旧城改造的空间生产研究：以上海新天地为例[J]. 城市发展研究，2011，18（10）：84-89，96.
[170] 苏建忠，魏清泉，郭恒亮. 广州市的蔓延机理与调控[J]. 地理学报，2005，60（4）：626-636.
[171] 陈嘉平，何深静. 广州旧城区传统绅士化现象及其机制研究：以荔湾区逢源街道耀华社区为例[J]. 人文地理，2012，27（4）：37-43.
[172] 邱东. 多指标综合评价方法的系统分析[M]. 北京：中国统计出版社，1991.
[173] 魏立华. 社会经济转型期广州市社会空间演进机制研究[D]. 广州：中山大学，2005.
[174] Wu F L. China's great transformation：neo-liberalization as establishing a market society[J]. Geoforum，2008，39（3）：1093-1096.
[175] 郑芷青. 广州市商品住宅价格分布特征研究[J]. 热带地理，2001，3（1）：22-26.
[176] 包亚明. 现代性与空间的生产[M]. 上海：上海教育出版社，2003.